LAS

RESPIRAR

VOCES

SENTIR

DEL

SANAR

CUERPO

VIVIR

Alejandra Brener

Prólogo de Luis Gonçalvez Boggio

LAS

RESPIRAR

VOCES

SENTIR

DEL

SANAR

CUERPO

VIVIR

PRÓLOGO

¿Qué nos pasa cuando no escuchamos las voces de nuestros cuerpos?

Parafraseando a Bergman, ya sea en forma de gritos o susurros, nuestro cuerpo se expresa, a través de su propio lenguaje, y es nuestra mayor fuente de aprendizaje. Nuestro cuerpo es nuestro aliado incondicional que nunca nos va a traicionar.

Si para Wilhelm Reich, el padre de las psicoterapias corporales, el inconsciente está en los músculos, para Alejandra Brener ese inconsciente corporal está en las sensaciones. No es un inconsciente freudiano: infantil, reprimido, sino que es un inconsciente productor de intensidades y de movimiento.

Precisamente *las voces del cuerpo* son nuestro inconsciente que no quiere que perdamos la capacidad de sentir la vida que nos habita y habitamos.

En las primeras páginas del libro, la autora nos devela el misterio de las voces de nuestro cuerpo, aquellas que nos invitan a probar caminos distintos, nos impulsan a un permanente andar en el que no es posible detenerse, pero que nos inducen a explorar una salida. Nos conectan con una búsqueda que da sentido a nuestra vida, con lo que nos mueve, con todas las dificultades que se nos presentan en nuestro intento de atravesarlo.

Y para ello, Alejandra nos propone una metodología cartográfica.

El lector que aún no conoce o no ha experimentado el Análisis Bioenergético va a poder acercarse a una metodología diagnóstica (la lectura corporal) en donde podemos observar en las personas con las que trabaja un/a psicoterapeuta corporal bioenergético/a una historia-cuerpo, una anatomía emocional, que implica (funcionalmente) rasgos corporales y trazos caracteriales. Estos trazos y estos rasgos condensan emociones, heridas, traumas y conflictos, y se cristalizan en una gramática expresiva, que Alejandra ordena, didácticamente, en cuerpos demandantes, cuerpos manipuladores, cuerpos rígidos, cuerpos empantanados y cuerpos congelados, a los que podríamos agregar: cuerpos medrosos, cuerpos anestesiados, cuerpos disociados, cuerpos desarraigados, etc.

La autora nos cuenta que, diariamente, las personas le ofrecen retazos de sus vidas, que expresan diversas facetas de sus dolores, molestias, tormentos, aflicciones, y que las mismas se esconden bajo múltiples ropajes físicos.

Para ello Alejandra no se apega en ningún momento a la dicotomía cartesiana, y cada vez que nos habla de mente, cuerpo o espíritu, se refiere a nuestro núcleo que pulsa por vivir, a nuestro ser más profundo que vibra por un contacto más significativo: consigo mismo, con los otros y con la vida.

Dentro de una tradición reichiana y loweniana apela a un concepto de energía vital, ni desmedidamente místico, ni excesivamente material. La fuerza de la energía vital vivida desde la espiritualidad del cuerpo como experiencia de placer que contiene un lenguaje corporal propio: su forma de vibrar. Para

Brener, esa es la forma vibrante de habitar un cuerpo. De enraizarlo en sus emociones y sensaciones.

¿De dónde surgió este don?

Desde el primer momento, a los 18 años, en que entró en contacto en la biblioteca de su madre con el libro *La Función del Orgasmo* de Wilhelm Reich, hasta su formación como Analista Bioenergética, esas cuatro palabras que leyó en el lomo del libro de Reich, la marcaron, a posteriori como persona y como profesional.

La densidad de imágenes que despliega su prosa, fresca, integrativa y generosa, viene siempre unida a sensaciones afectivas, conceptos y preceptos. Esta forma de escribir tan personal, singular y sensible, produjo un intenso efecto en mí, como lector. Intuyo que la escritura de Alejandra le va a producir el mismo efecto rizomático a cada lector. Aclaro esta metáfora botánica: efecto rizomático tal cual las hierbas crecen en un baldío, por medio de conexiones transversales que no tienen un núcleo que las centralice ni límites que las rodeen. Particularmente no pude parar de asociar desde que comencé su lectura. Incluso me descubrí asociando como analista de su propio cuerpo. A modo de ejemplo, cuando Alejandra describe el comienzo del padecimiento de un síndrome vertiginoso, en donde tuvo que reposar porque el mínimo movimiento la mareaba o le producía náuseas, me llevó a hipotetizar: ¿no serían estos síntomas, agrupados en forma de síndrome, indicadores de un brutal proceso de desacorazamiento que le producía el trabajo en profundidad con su cuerpo-historia? ¿Qué otras voces del cuerpo comenzaban a susurrarse o incluso a gritar a través de estos malestares, si como ella dice, en el trabajo con su cuerpo había logrado dejar de oír la voz de los prejuicios? ¿Qué nuevas libertades se inauguraban?

Alejandra Brener propone un método cartográfico de trabajo: *"La intención del trabajo terapéutico centrado en las voces del cuerpo, ha llevado a cada uno de los consultantes a dejarse perder durante un rato sin temor a la sorpresa, a permitirse entregar a la desorientación y a tomar conciencia de que es necesario atravesar laberintos para luego detenerse y decidir por nuevos horizontes".* Parece un método dualista: por ahí no es, es por ahí. Pero no es así. Es un complejo entramado de laberintos rizomáticos que implican una deconstrucción. Al decir de Wilhelm Reich: toda tensión muscular crónica contiene el significado y el sentido de su origen.

Quizá la clave del libro de Alejandra la encontremos en una frase: **quien siente miedo del placer teme al amor.** *"Esta conexión íntima entre el placer y el amor muestra la importancia del placer en la vida. Es una reacción expansiva. Las personas afectuosas son gráciles y relajadas. Sin placer una persona se vuelve sombría. Es amargada, fría y, probablemente, tensa",* nos dice con absoluta convicción. Es que una vida con placer puede ser una aventura creativa, siempre. Y una vida sin placer se transforma, inevitablemente, en una lucha por sobrevivir.

Sobre el final del libro Alejandra Brener nos acerca una nueva reflexión: *"El secreto del placer está oculto en el fenómeno de la vibración, es como un potencial y una fuerza mágica que nos mueve hacia la espontaneidad".* Y desde un lugar no infantilizador ni ilusorio, define la felicidad como *"aquello que se siente mientras tomamos conciencia de nuestro crecimiento".*

Les propongo visualizar la lectura de *Las Voces del Cuerpo* como un viaje, una aventura, una travesía, una peregrinación interior, un desafío, una invitación a conectar con la vida de nuestros cuerpos, a experimentarlos para encontrarnos con la vida que portamos, en toda su intensidad.

Espero que este nuevo libro de Alejandra Brener los convoque a la inquietud de profundizar en vuestra propia sabiduría corporal.

Luis Gonçalvez Boggio[1]

---

[1] Psicólogo. Magister en Psicología Clínica. Local Trainer del International Institute for Bioenergetic Analysis. Presidente y Miembro Didacta del Taller de Estudios en Análisis Bioenergético (TEAB, Montevideo/Uruguay). Integrante del Comité Científico Internacional de las Psicoterapias Corporales. Coordinador del Programa de Psicoterapias de la Facultad de Psicología (UdelaR). Autor de varios libros, entre ellos: *Los Cuerpos Invisibles, Análisis Bioenergético, Arqueología del Cuerpo, El Cuerpo en la Psicoterapia, Cuerpos y Subjetividades Contemporáneas, Las paradojas de la migración.*

INTRODUCCIÓN

Este libro comenzó a crearse con la recopilación de la experiencia clínica en *Espacio a Tierra*, punto de encuentro entre quienes consultan aquejados por tensiones, dolores físicos, emocionales, posturas desequilibrantes y yo, terapeuta corporal bioenergetista. Aquí he reunido testimonios con relatos que describen el modo en que sus cuerpos actúan bajo la fórmula *"lo que se piensa se siente"*, es decir, sobre la base de comportamientos determinados por mecanismos racionales más que por la fuerza de su energía vital.

Diariamente las personas me ofrecen retazos de su vida que expresan diversas facetas de sus dolores, molestias, tormentos, aflicciones, escondidos bajo múltiples ropajes físicos.

Tantos rasgos de cansancio, tristeza y angustias, como de alegrías y excitaciones, **testimonian las huellas que preceden a las transformaciones.** Y eso es lo que viví durante los años que antecedieron a mi decisión de formarme como terapeuta corporal con orientación en bioenergética.

En mi adolescencia, a los 18 años, aproximadamente, durante aquellos momentos en que me encontraba ávida por nutrirme de lecturas acerca de la sexualidad, hallé en la biblioteca de mi casa un libro que me sorprendió por su título: *La función del orgasmo* de **Wilhem Reich**. Leí la contratapa y supuse que era un libro más de psicoanálisis entre los tantos que guardaba mi madre. Por eso, aquella primera vez que lo tomé entre mis manos, no me invitó a leerlo. Sin embargo, las cuatro palabras que lo titulaban quedaron braceando dentro de mí. Cinco años más tarde, cuando ya había ingresado a la universidad para estudiar Ciencias de la Educación, y formaba parte de un grupo de investigación sobre temas de género y sexualidad, lo volví a retirar del estante y, aquella vez, comencé a leerlo. Me fascinó el modo en que articulaba la psicología con la biología, la mirada del síntoma y la manera en que hacía foco en la lectura corporal de las personas.

Después de leer ese libro, dejé incubando muchas reflexiones, hasta que, quince años más tarde, cuando decidí formarme como terapeuta corporal, amplié su teoría con la obra de **Alexander Lowen**, su discípulo y creador del sistema terapéutico que hoy practico: la **Bioenergética**.

Quedé encantada con su descripción del rostro espiritual de la salud, una mirada que yo venía construyendo durante los años de práctica corporal expresiva, y que este psiquiatra y psicoanalista describía con tanta claridad.

La primera sensación que tuve fue de bienestar y entusiasmo, como si al hacerlo me involucrara de cuerpo entero. Un efecto extraño que parecía enlazar el cuerpo y la mente, los pensamientos y los sentimientos. Cuando Lowen relataba sus experiencias, lo hacía de manera vívida, como lleno de gracia. Una de las frases más resonantes de su libro *La Espiritualidad del cuerpo* fue *"la sensación subjetiva de salud es un sentimiento de animación y deleite en el cuerpo, que aumenta en los momentos de alegría (…) La salud se manifiesta objetivamente en la gracia de los movimientos del cuerpo, en la brillantez o esplendor corporal y en la elasticidad y calidez del cuerpo".*

Este inicial acercamiento a la obra de Lowen me reunió con la dimensión espiritual de la salud, una mirada que ya venía cultivando, pero que no sabía que estaba dentro de mí.

Desde muy pequeña he vivido con el deseo de tener el cuerpo delgadísimo, la columna erguida y la necesidad imperiosa de llevar la elegancia como un don. Sentada en la puerta del edificio donde vivía, observaba a las mujeres que pisaban la vereda rechinando sus tacones, con estridencia, con pasión, con algo que hacía estallar una particular sensualidad. Caminaban como si nada les importase, como llevándose el mundo por delante. No les quitaba los ojos de encima. Las miraba, envidiando su cutis blanco como una porcelana, sus brazos delicados, sus caderas sueltas, sus rostros iluminados, sus rizos colorados ondulando al viento. Deseaba que esas imágenes nunca se extinguieran, que me acompañasen para siempre, cerraba los ojos y las guardaba para alimentar mi ilusión. Sin embargo, cuando los abría, giraba mi cabeza y el efecto de mi silueta sobre el cristal me hacía sentir el peso de la carencia. A pesar de esa desilusión, empujaba las plantas de los pies sobre el suelo y, no del todo convencida, expresaba rápidamente: *"Me acepto".*

Me gustaba observar a las personas, tenía afición por los detalles en la fisonomía de los cuerpos.

Recurría a prácticas de expresión corporal. En las clases me sentía libre, se respiraba un aroma azucarado, mezcla de madera y canela. Un olor que calmaba. Estar allí me causaba un placer indescriptible y, bailar junto a las demás, una especie de conexión que, durante la vida, se instaló como una fuerza poderosa. Mi profesora irradiaba generosidad, era bella. Pero vestía una belleza diferente de las demás mujeres. Era única. Libre. Se movía con un potencial que parecía tener mente propia, con movimientos cuya fuerza interna eran más fuertes que la voluntad. No le importaba lo que opinaban de ella. **Había dejado de oír la voz de los prejuicios.** Sin embargo, a mí no me resultaba fácil dejarme llevar por tanta naturalidad, tan al margen de papeles ensayados, sin adornos. Eso de expresar mis actitudes sin maquillaje me causaba problemas, sobre todo para encontrar amigas o para que los demás no me miraran raro. Me fascinaba ojear a la profesora cuando me veía bailar, se le despertaba como una sonrisa satisfecha y notaba la extraordinaria calma de sus ojos siguiendo mi danza. Ella me permitía experimentar que danzar era hermoso, sentirme orgullosa de mi cuello, aunque era demasiado largo, de mis hombros, aunque eran poco delicados, de mi dorso nada plano, de mi pecho robusto y tosco, de mis brazos largos, de mis articulaciones gruesas.

Las clases de expresión corporal se habían constituido en una especie de fuente interna cuya agua vital yo invocaba para limpiar mis canales tan condensados de aire viscoso e impenetrable. La inquietud por introducirme en la sabiduría corporal yacía presente en cada uno de mis actos y, poco a poco, fue prevaleciendo.

A medida que iban pasando los años, seguí observando atentamente el modo de moverse de la gente. Me gustaba detenerme en la exposición teórica de mis profesoras, durante la carrera de Ciencias de la Educación, que hablaban y no solo a través de su boca. Las palabras les brotaban de todo su ser, como si disertar fuera una experiencia sensual. Sus movimientos eran sugerentes, lánguidos, y expresaban una serena integridad con su cuerpo. Despojadas de todo prejuicio, expandían sus brazos, caminaban entre el público con pasos largos haciendo danzar un discurso que conmovía. Recuerdo a una que, entre frase y frase, suspiraba profundamente y luego continuaba.

Durante mucho tiempo no supe por qué, en lugar de escuchar lo que decían los profesores, miraba cómo movían sus cuerpos. Sin embargo, luego pude explicarme el fundamento de esa tendencia: creo que mi cuerpo trataba de elaborar un modo de preservar intacto ese deseo de dedicarme a comprender **las voces del cuerpo**, que aún yacía solapado, por momentos, entre tinieblas.

La práctica universitaria me enseñó a no dejar de estudiar nunca, con o sin libros, con o sin computadora, me inquietaban las ideas minuto a minuto. También me demostró los modos de racionalización de las emociones, un rasgo que me acompañó durante todo el recorrido universitario.

Durante esa etapa, vivía en medio de una vorágine. Las tensiones corporales iban trepando por mi cuerpo hasta instalarse en la cabeza y despertar importantes migrañas. El cuerpo rígido se movía como accionado por un motor, hasta que un episodio me obligó a decir *"¡Basta!"*: la aparición del síndrome vertiginoso. Tuve que reposar porque ante el más mínimo movimiento me mareaba o sentía náuseas.

Debido al stress corporal acumulado, después de recibir mi título profesional como licenciada en Ciencias de la Educación, y a la gran exigencia laboral, recurrí a una masajista una vez por semana. Como era habitual en mí, deposité todos mis sentidos en observar cada uno de sus movimientos. Me seducía su manera de hablar, de moverse. Transitaba despacio. Cada gesto que hacía, cada palabra que pronunciaba, era como en cámara lenta. Armaba una frase, hacía una pausa, me miraba y continuaba. Supe, a través de ella, que andaba como volando. Entre nosotras había momentos de silencio y escucha, algo que no vivía fuera de ese espacio. En una oportunidad, tuve una conversación que jamás olvidaré. Me sugirió a través del contacto con mi cuerpo que me preparara como terapeuta corporal.

Esa profesión estaba escondida en algún lugar de mis corazas musculares. Atendí a su sugerencia, la llevé a la práctica y finalmente me formé como terapeuta corporal.

En este libro, compartiré las voces de cuerpos que han llegado a mí y que he seleccionado especialmente para exponer diversos modos de transitar el dolor.

En el primer capítulo, *Vivir por fuera del cuerpo*, **describo el modo en que los cuerpos comienzan a ausentarse de sí mismos y anestesian sus emociones a causa de la acción de las tensiones crónicas.** Relato testimonios verídicos de quienes han experimentado procesos de racionalización emocional o que advirtieron la sensación de estar perdidos en medio de laberintos sin salida. Desarrollo dos concepciones paradigmáticas del dolor. El dolor como experiencia sufriente que nos impide sentirlo en toda su magnitud, y el dolor como experiencia sanadora, aquella que nos invita a palparlo con sutileza y nos ofrece pistas para interpretar informaciones valiosas para nuestra salud física y emocional. Además, incorporo ejercicios para que el lector descubra su manera de conectarse con él. Para terminar, me refiero a uno de los malestares más compartidos de la modernidad *"el pensamiento maquinal"*. Un desarreglo interno que se produce cuando la mente se convierte en una espiral incesante, se vuelve compulsiva y nos conduce a racionalizar las emociones. Este mecanismo de defensa de la mente coarta el entrenamiento de la capacidad intuitiva y les resta confianza a las percepciones espontáneas.

En el segundo capítulo, *Reconectarnos con nuestro cuerpo*, la intención es expresar de qué manera **nuestro equilibrio interno y externo se revela cuando surge una armonía entre la mente y el cuerpo.** Y esto sucede cuando nos permitimos conectar con nuestros sentimientos a través de profundos registros corporales.

De esta manera, intento transmitir lo que significa *"habitar nuestro cuerpo"*. Para que el lector perciba esta sensación de *"estar en uno"* le aporto el concepto de salud vibrante y la experimentación de las vibraciones mediante ejercicios y casos específicos. La realidad de las personas reside en el contacto con los sentimientos y eso se percibe cuando habitan su cuerpo. Dicho en otras palabras, la realidad auténtica de nuestro cuerpo se hace carne cuando se registra cada partícula del cuerpo desde el centro a la periferia y desde la periferia hacia afuera. Invito al lector a ascender y descender por la geografía de su cuerpo y bucear por las tensiones históricas. Esto significa darles espacio a las voces de su cuerpo para agudizar los sentidos con atención concentrada. Por último, desarrollo una noción clave de Bioenergética: el *"enraizamiento"*, una fuerza interna física, emocional, mental, que se va adquiriendo durante la vida. Se relaciona con nuestra seguridad emocional-corporal. Arraigarse implica renunciar a las ilusiones y tomar contacto con los sentimientos para poder relacionarnos de manera más plena con los demás. Lograr estar arraigado sólidamente nos proporciona equilibrio físico y emocional y, además, autoconfianza.

En el tercer capítulo, *Modos de ser desde una lectura corporal*, desarrollo **diversas pistas para mirar los cuerpos**. Comparto con los lectores los modos de acceder al cuerpo desde la interpretación de sus voces corporales y así expresarles cuan disponibles se hallan determinados cuerpos para develar emociones guardadas. Invito al lector a registrarse a través de ejercicios para que tome conciencia de su postura y explorar la existencia de algún bloqueo que está condicionando su libertad de movimientos. En este contexto ofrezco una clasificación de estilos de personalidad centrada en la noción de estructuras de carácter de **Wilhelm Reich** junto con la revisión de la misma realizada por **Alexander**

Lowen. El lector se encontrará con rasgos corporales y emocionales de cuerpos demandantes, manipuladores, rígidos, empantanados y congelados e historias personales que los expresan.

En el cuarto capítulo, *Las voces del cuerpo*, avanzo sobre **los mensajes corporales que llegan a nosotros, toda la información guardada que comienza a manifestarse y nos lleva a actuar de determinadas maneras.** Penetramos en las entrañas de los dolores sufrientes y los dolores sanadores y enfocamos la mirada en la concepción del dolor sanador. Una perspectiva que revaloriza su comprensión desde la propia percepción, la voz interna y la toma de conciencia del dolor y sus voces.

Le doy un espacio destacado a la voz (gritos, quejas, bufidos, suspiros, alaridos, exclamaciones) como un medio de expresión potente y de estrecha vinculación con los sentimientos. Sus elementos fónicos muestran la gama de emociones que guardamos en el cuerpo, nos permiten interpretarlas para poder sanar conflictos y traumas.

Junto con los mensajes de la voz, incorporo el modo en que las emociones *"toman cuerpo"*, es decir, de qué modo afectan su sistema muscular y orgánico. Para explicar el impacto en el sistema muscular, retomo la idea de "corazas musculares" desarrollando el concepto de segmentos de Wilheim Reich. Se trata de anillos de tensión ubicados dentro de las corazas. Son siete: ocular, oral, cervical, torácico, diafragmático, abdominal y pélvico. En cada uno de estos segmentos la circulación energética está limitada por tensiones musculares crónicas. Y para explicar de qué manera las emociones afectan a los órganos recurro a la medicina china que vincula los órganos con algunas de ellas.

A través de la práctica de bioenergética aprendí que **el cuerpo es la base para el funcionamiento en la realidad**, por lo tanto, cualquier mejora en el contacto con el sí mismo corporal (mente-cuerpo-emociones), con lo que se siente como esencial, purísimo, producirá un cambio significativo para la autoimagen, en la calidad de los sentimientos, en la creatividad cotidiana y laboral, en las relaciones interpersonales y en el disfrute de la vida. También aprendí a través de las sesiones que no es suficiente saber o entender por qué se percibe aquello que se siente, es necesario experimentarlo en toda su intensidad. Para ello **deben encontrarse la creencia con la expresión de ese sentimiento.** Recién entonces aflora un gesto, una mirada, un tono de voz o un movimiento corporal y luego se escurren las palabras. Es como un impulso que surge casi sin pensarlo. Detrás de algunas sonrisas inalterables emergen miedos, detrás de voces mansas y movimientos lentos, emergen ansiedades. **Trascender el sometimiento al entendimiento depara sorpresas.** Solo es necesario entregarse al lenguaje del cuerpo y luego nombrarlo. Es otra manera de buscar respuestas a ciertos laberintos que se llevan anclados muy dentro.

Espero que no solo disfrutes de la lectura de este libro, sino que también te abra las puertas a las voces de tu cuerpo.

CAPÍTULO 1

VIVIR POR FUERA DEL CUERPO

¿Qué ha ocurrido
con nuestros cuerpos?

ALINA descansaba en la necesidad de predecirlo todo, en las causas que siempre producían el mismo efecto, en la perpetua obligación de no dudar para poder tumbarse en la efectividad de lo programado. Sin embargo, sucedió que el destino la sorprendió y lo inesperado se presentó. Ese imprevisto doblegó la aparente seguridad de lo proyectado y una misteriosa lógica desmoronó lo previsible. En ese instante, entre la comodidad de lo conocido y lo incómodo de lo ignorado, surgió el movimiento.

Ella ocupaba el cargo de diseñadora en la fábrica de ropa paterna y, además, convivía con un hombre que le concedía cada uno de sus deseos materiales. Una mañana, mientras iba a su oficina, se cruzó con su novio de la adolescencia. Al instante de reconocerlo una corriente de aire caliente se expandió por su pecho y el corazón comenzó a galopar rápido. Gastón se apareció repentinamente y, en muy pocos minutos, despertó en Alina una sucesión de fantasías.

Sin atender a ese tiritar interno, volvió a su tarea de buena esposa y a cumplir con cada uno de los compromisos que le demandaba dicho rol. A la semana, durante su jornada laboral, recibió un mail de una Fundación inglesa, integrada por diseñadores muy reconocidos, que le ofrecía una beca de seis meses. De nuevo se liberó en ella una cadena de fantasías que le ardieron por dentro. Sin embargo, a la media hora, agradeció a la fundación y continuó con su trabajo en la fábrica.

En los años siguientes tuvo otras oportunidades del mismo tipo y continuó sin escucharlas. El trabajo se volvió mecánico, y su matrimonio un espacio rutinario. La posibilidad de darle un lugar a lo inadvertido cada vez se le hizo más inasequible. Buscaba más las razones que las sensaciones para estar bien. Existían en ella mecanismos resistentes que no le permitían advertir los estremecimientos, la excitación de la aventura, lo nuevo. En esos instantes, detrás de la lucha entre el deseo y el deber, callaba la magia de lo inesperado. Si Alina se hubiese dispuesto a conectar con la vida de su cuerpo, posiblemente, se hubiese afinado la escucha de su voz corporal.

Estamos ausentes, como hipnotizados, sin prestar atención a lo que nos sucede. Andamos como embotados. La vida adormecida actúa como protección. Encarnamos el perfil de un personaje de ficción, unos desconocidos para nosotros mismos. Fugitivos de nuestra propia esencia. No nos atrevemos a conectar con nuestro cuerpo para dejar pasar emociones genuinas y vivimos cansados por el esfuerzo de tener que seguir escondiéndonos de ellas. Es como no querer confirmarnos en lo que vivimos, tal vez para no advertir que *"por ahí no es"*. Entonces seguimos así, probablemente por temor a perder al mundo tal como lo poseemos, aunque estimamos que tenemos la capacidad para habitar otro universo, distinto del que nos sujeta.

Si nos asentamos en lo que deseamos, en lo que somos, y nos llega esa sensación de ser verdaderos, ¿estaremos perdidos? o

¿no sabremos dónde encajar nuevos modos de ser? ¿Has llegado a sentir alguna vez una existencia alejada de tu propio ser? ¿Una existencia que te ha conducido a estar como si fueras otro o a andar sin advertir tu presencia? ¿Has notado que, al momento de comunicarte con el otro, hablas por hablar dejando las frases por la mitad para saltar de un tema a otro, haces por hacer, como dándote cuerda a cada instante para que ese resto de energía última no se agote?

Tal vez has sentido todo esto, sin embargo, sigues como hipnotizada, hipnotizado, por una inercia que no te permite detener la prisa interna. Si esto te sucede, es posible que vivas por fuera de tu cuerpo y, aún más, si, en este momento, lo estás identificando, puedes quedarte tranquilo porque, existe un potencial que está allí, que es parte de ti y que tal vez no registres. Ese potencial está en tu cuerpo, es tuyo, y para activarlo solo es necesario darle espacio a la quietud, escucharlo y palparlo. Lo encontrarás cuando logres percibir tu presencia, la sensación de estar en el mundo, de poder existir contigo y de identificar en qué instantes vuelves a vivir por fuera de esa presencia que, en definitiva, es vivir por fuera de tu cuerpo.

Volvamos a ese momento cuando hablabas maquinalmente, cuando gesticulabas como accionado o accionada por un motor, atrapado por fuerzas externas que tomaban posesión de tus sentidos sin advertir aquello que estabas diciendo y sin percepción de ti mismo. Imagina que, en uno de esos suspiros de cansancio, te detienes y respiras advirtiendo el aquí y ahora. El registro de ese momento pasa por el corazón, y en ese instante, aparecen ciertos detalles. Son las sensaciones. Cosquilleos, escalofríos, latidos acelerados, calor, frío. **Son las voces del cuerpo.**

Al detenerte, sale a la superficie de la conciencia algo que estaba unido a una nebulosa opresiva y te dices: *"no puedo seguir viviendo así porque hay algo dentro de mí que no está bien*". A veces, esta sensación es molesta, no puedes quedarte en ella y aparece el pensamiento para que ese dolor se esfume, porque lastima y mucho. Sientes que la vista vuelve a vagabundear en una nebulosa remota, la respiración no fluye, es superficial, y regresas a esa persona que vive aglomerada, es decir, permeable a ciertos contextos que le han robado porciones de su individualidad, de su ser auténtico, y la llevan a funcionar de manera indistinta, como acopiada junto a los demás sin distinguirse. Esa o ese que, en ese momento eres tú, ha perdido la capacidad de sentir su cuerpo.

Laberintos y prisiones: atrapados en el cuerpo

Laberinto, mundo ingrávido y sutil. Universo único que nos invita a probar caminos distintos, nos impulsa a un permanente andar en el que no es posible detenerse, pero que induce a explorar una salida. Nos conecta con una búsqueda que da sentido a nuestra vida, con lo que nos mueve, con todas las dificultades que se nos presentan en nuestro intento de atravesarlo. Nos encontramos ante laberintos cuando aparecen las confusiones, nos invaden los enredos, sin percibir que cada uno de ellos se produce alrededor de un centro o *Hara*.

Hara significa **cultivo de la vida o centro vital, centro de gravedad. Es el punto de equilibrio de nuestra vida física, mental, emocional y espiritual.** Cuando, advertimos que estamos centrados, en equilibrio y enfocados estamos en contacto con nuestro *Hara*. La palabra proviene de la medicina tradicional china para localizar la zona donde se acumulan nuestras reservas de energía vital. El *Hara* simboliza la raíz de la cual se extrae el poder y la conexión con la energía universal. En el cuerpo humano ocupa el espacio entre el plexo solar y el pubis.

Tradicionalmente, los orientales dicen que la persona que tiene el *Hara* tonificado, animado y vivificado cuenta con las herramientas para volver a armonizarse en momentos de desequilibrio.

Por esto, si confiamos en la capacidad que todos tenemos de volver al eje, es atractivo explorar las respuestas de nuestro cuerpo ante las experiencias de caminos mal escogidos o ante el avance por pasajes que nos disgustan. Los laberintos nos proponen el reto de atravesar por ciertas sensaciones que nos hacen *"perder el eje"*.

Estar *"perdidos"* en medio de laberintos nos ayuda a apreciar la fuerza de nuestros *haras*, motiva la búsqueda de nuevos horizontes, nos alerta ante distracciones que tratan de conducirnos por senderos sin salida y nos proporciona pasajes llenos de pruebas. A veces nos plantea condicionamientos y entorpece el acceso al centro, pero simultáneamente nos permite ser creativos y aprender a elegir.

Atravesar laberintos ejercita la toma de decisiones y pone de manifiesto que éstas no son sencillas, que interpelan, que están plagadas de dudas, errores, rectificaciones y que exigen valor, inteligencia, constancia y paciencia. Solo debemos estar dispuestos a enfrentar nuestros más temibles *"monstruos"* con la energía del impulso vital que nos lleva hacia adelante.

El laberinto genera una atracción mágica hacia el centro, hacia el propio eje, por eso tiene algo de misterio. El reto es oler, palpar, explorar con mirada profunda ese imán cuya naturaleza, origen o razón de ser, no tiene explicación o no se puede entender. Es un espacio que puede causar, a la vez, asombro y espanto. A veces regala un efecto de encantamiento, entretenimiento y diversión o de desorden, desconcierto y opresión. Puede hasta producir asfixia, generar visiones fragmentarias de rutas o impresión de que el mundo no abre espacio para que ocupemos un lugar en él.

En uno de mis grupos de trabajo terapéutico, **CARLOS** comentó que, al transitar por las sensaciones laberínticas, sentía que el cielo se le venía encima. Él llegó a la consulta llevando en sus hombros una historia de rigurosa autoexigencia. La práctica del alto rendimiento deportivo y la reputación otorgada por su exitosa carrera de director técnico, habían cargado su cuerpo de sensaciones catastróficas cada vez que debía optar por algún camino. El miedo al fracaso lo bloqueaba.

Concentrar la energía en el *Hara*, ese punto que está cinco centímetros por debajo del ombligo, fue todo un entrenamiento para lograr apartar esas sensaciones desequilibrantes. Respirar profundamente le permitió despejar su mente y comenzar a descubrir un nuevo camino posible.

Durante el proceso alcanzó a advertir la sensación de fragmentación que le producía la ola de pensamientos tóxicos y lo expresó a través de la metáfora del rompecabezas. *"Siento mis partes como un rompecabezas revuelto y no logro encastrar sus piezas"*, comentó. Sin la conciencia de su centro, él seguía cumpliendo su rutina de técnico *"exitoso"*, pero no lograba elegir internamente ni con claridad, qué camino asumir. Vivía pendiente del *"afuera"* por temores *"construidos"* sobre la base de estímulos externos. Solo al centrarse en su sí mismo corporal comenzó a encontrar una forma de actuar según sus parámetros.

Paulatinamente fue perdiendo el miedo al *"fracaso"*. Necesitó respirar esta sensación para comenzar a visualizar nuevas rutas y nombrarlas. Advirtió entonces que sus músculos se habían convertido en fragmentos de madera astillada, frágil y débil. Esta vivencia le resultó muy potente porque fue una de las señales que le develó su actitud rígida ante las alternativas.

Al adquirir más herramientas para avanzar en el autoconocimiento, continuó identificando otras voces de su cuerpo. Por ejemplo, la sensación de ahogo cuando tenía que defender o fundamentar una elección delante de personas con cierto poder que habían elegido otra alternativa. Reaparecía el laberinto y volvía la sensación de estar ante un atajo. En ese instante, respiraba hacia el pecho para abrir caminos. Atravesarlos despertó emociones latentes e inició el tránsito por una o más rutas que lo fueron llevando a salir de esas encrucijadas.

Una situación similar vivió **MAIA**, un ama de casa que también se empantanaba ante la toma de decisiones personales. Todo lo que correspondía al universo de lo doméstico, a la crianza de sus hijos y al bienestar de su marido, era un territorio fácil de zanjar. Sin embargo, cuando debía decidir acerca de sus asuntos, entraba en un territorio laberíntico. Ante la posibilidad de caminos alternativos, se obnubilaba. Una densidad brumosa se interponía ante la decisión y la parálisis la dominaba. Debía consultar con otra persona y, siempre la opción que él o ella le proponían, era la elegida. Había crecido en un ambiente donde no había opciones y, bajo la falsa creencia del *cuidado*, no le habían permitido optar. En un principio, esta filosofía le era *cómoda*, sin embargo, en la adultez le produjo complicaciones. La señal corpórea de sus problemas fue su excesiva ansiedad o, como hoy se suele llamar, *ataque de pánico*.

El primer paso de nuestro trabajo fue identificar una de las posibles causas de ese estado que sobreestimulaba sus pensamientos y arrastraba inmediatamente una carga cuantiosa de energía hacia la cabeza.

Desde que nació, sus padres se anticiparon a la satisfacción de sus necesidades para evitarle cualquier contratiempo y luego su marido decidía por ella para *protegerla*.

Tuvo la posibilidad de encontrarse cara a cara con las huellas de esa sobreprotección —o *desprotección*— cuando debió decidir cuestiones personales. En tales ocasiones, aparecieron los síntomas. Respiró despacio y profundo durante mucho tiempo buceando por gritos callados y emociones retenidas hasta percibir en el cuerpo los efectos de la desvalorización. Llegamos a la conclusión de que la toma de decisiones personales podía ser uno de los motivos que disparaban su excesiva ansiedad. Al atender esta situación advirtió la impotencia y, seguidamente, su correlato emocional: el temor generalizado por todo el cuerpo. La conciencia de la fuente devino en enojo y, a continuación, en ira. Al desenmascarar sus sentimientos, husmeó por los costados más atormentados de su vida. En simultáneo, *mágicamente* comenzaron a aparecer oportunidades que demandaban decisiones personales y, así, nació la posibilidad de elegir desde su propio centro o *Hara*.

Esa forma aprehendida de concebir el cuidado había aguijoneado su autonomía y, por ende, su libertad. Desde pequeña la dependencia había sido el modo predominante de vínculo familiar. La reiteración de sus deseos callados le produjo tensiones en la musculatura inferior, especialmente en glúteos, tiranteces que, paulatinamente, se convirtieron en nudos *cómodamente* instalados. La musculatura se entumeció cada vez más y encerró ese dolor, lo encapsuló en su pecho. Ella fue vulnerable a quienes la habían coartado.

En una oportunidad, mientras soltaba la ira acumulada durante su infancia, recuperó algunas escenas y reconoció su cuerpo espantado en momentos de decisión. Percibió el terror que sobresalía de las venas ante la soledad de ese momento, y devino, casi desesperadamente, la necesidad de pedir ayuda. Sin embargo, logró detenerse y no recurrir a nadie, solo esperó y dejó soltar su propia voz.

Maia, ahora más cerca de la tierra o de su base, recordó algunas palabras *amorosas*, que antaño la arrastraban a ceder sus propias decisiones, y las identificó corporalmente transformadas en astillas alrededor de sus omóplatos. Expresiones tiernas que se reiteraban día a día. Ni ella, ni sus padres, ni su marido lograban captar el daño que le estaban haciendo a su libertad. Para ellos era el modo de maternar, una forma de amor heredada ancestralmente. Pero el cuerpo de Maia pudo decodificar esa realidad a través de las voces de su cuerpo.

Habitó hasta el tope su capacidad de *aguante* hasta que rebalsó de ansiedad. Se endureció hasta convertir a su musculatura en un relieve calloso. Su energía circulaba con mayor dificultad a medida que se convertía en un cuerpo de absoluta posesión familiar o marital. Cuando tomó sus primeras decisiones se sintió culpable de un *mal* que no había cometido. Recién cuando logró separarse de su marido y sus padres, empezó a distinguir los hilos que la encadenaron. Filamentos que se tejieron con sutil cuidado para atrapar el propio espacio. Sujetaron su espontaneidad con la medida de un bienestar que no era el propio. Pero, afortunadamente, su proceso de autoconocimiento de la mano de la autoconfianza generó transformaciones, movimientos profundos que se apostaron firmemente en su andar para continuar avanzando autónomamente.

La intención del trabajo terapéutico centrado en las voces del cuerpo, ha llevado a cada uno de los consultantes a dejarse perder durante un rato sin temor a la sorpresa, a permitirse entregar a la desorientación y a tomar conciencia de que es necesario atravesar laberintos para luego detenerse y decidirse por nuevos horizontes.

En esta etapa de nuestra historia, una época atravesada por el vértigo y la falta de tiempo, resulta oportuno dejarse perder por un rato, advertir que la incertidumbre también puede ser una ocasión para encontrar nuevas rutas. Si nos dejamos llevar por ellas, sin pensarlo demasiado, descubriremos que, dentro de nosotros, habita un tipo de inteligencia que no utiliza los argumentos de la razón objetiva. Se trata de una inteligencia sutil, intuitiva que, sin razón aparente, nos dice *"es por ahí"*, que nos hace desplazarnos hacia un lado, nos permite valorar si ese es el camino elegido o no. Una inteligencia sentida más que pensada.

Se trata de incorporar la expresión *"sentipensar"* utilizada por Eduardo Galeano en *El libro de los abrazos* (1989): *"Me gusta la gente sentipensante, que no separa la razón del corazón. Que siente y piensa a la vez. Sin divorciar la cabeza del cuerpo, ni la emoción de la razón (…) De los miedos nacen los corajes, y de las dudas las certezas. Los sueños anuncian otra realidad posible y los delirios otra razón"*.

Galeano toma la noción sentipensante del sociólogo colombiano Orlando Fals Borda en su libro *Una sociología sentipensante para América Latina* (2009), donde describe la cultura de una comunidad del Caribe colombiano: *"El hombre-hicotea es ese que sabe ser aguantador para enfrentar los reveses de la vida y poder superarlos, que en la adversidad se encierra para volver luego a la existencia con la misma energía de antes, y que es también el hombre sentipensante que combina la razón y el amor, el cuerpo y el corazón, para deshacerse de todas las (mal)formaciones que descuartizan esa armonía y poder decir la verdad"*.

Reconocer que hay una reciprocidad entre la inteligencia y la emoción tiene diversos significados. Por ejemplo, la posibilidad de suponer que existe una relación próxima entre la marejada de las emociones y la inferencia y el análisis de los sentimientos. También que, en oportunidades, los trastornos emocionales pueden interferir en la vida mental, y viceversa, la excesiva racionalidad puede obstaculizar la libre circulación de las emociones.

Desde muy temprana edad hemos ido moderando muchas de las emociones fuertes que impactaron sobre nuestro cuerpo. Este abanico de sensaciones que no pudimos "tolerar" despertó ciertos mecanismos de defensa que actuaron como protección frente a posibles amenazas a nuestra integridad.

Parte de la educación tradicional consiste en enseñarnos a regular estas emociones según el impacto que ejercen en el cuerpo. En otras palabras, muchas de nuestras experiencias de socialización primaria (familia) o socialización secundaria (sistema educativo) nos indujeron a coartar, restringir, controlar y dominar las emociones. Encapsularon aquello que las mueve hacia la acción con la intención de encauzarlas dentro de un orden que no nos pertenece. Frases como *"no llores"*, *"no te rías fuerte"*, *"no tengas miedo"*, son algunas de las prohibiciones que mecánicamente nos han transmitido o nosotros comunicamos como señal de cuidado, protección o fortaleza. Estas falsas ideas construyen mecanismos racionales que suprimen la posibilidad de transitar una emoción.

En contraposición, Daniel Goleman denomina "cerebro emocional" al entramado entre la inteligencia y las emociones y señala un aspecto interesante de esta conjunción: la repetición. En su libro *La inteligencia emocional* (1995) utiliza el término *"cerebro emocional"* para describir este enlace y comentar que, dicha correlación, suele adoptar rutinas de respuestas aprendidas y memorizadas en las primeras etapas de la vida. Esto quiere decir que fuimos adquiriendo un repertorio de circuitos emocionales luego aplicados *estratégicamente* de acuerdo a la situación.

Una serie de emociones racionalizadas alejadas de los accesos puramente límbicos.

El **sistema límbico** está formado por varias estructuras cerebrales que regulan las respuestas fisiológicas frente a determinados estímulos. Es una red cerebral de neuronas ligada a los estados de ánimo, las emociones instintivas y todo aquello relacionado con lo irracional. Dirige nuestras sensaciones más primitivas: aquellas relacionadas con la supervivencia (como por ejemplo, el miedo y la ira) y con las sensaciones en torno a nuestro comportamiento sexual. De hecho, muchos científicos han llegado a llamarle *"cerebro reptil"* puesto que se encarga de nuestros instintos más básicos. Es una de las partes de nuestro cerebro que tiene mayor antigüedad. Es decir, en él se encuentran los instintos humanos. Entre estos instintos encontramos la memoria involuntaria, el hambre, la atención, los instintos sexuales, las emociones (por ejemplo: placer, miedo, agresividad). Está formado por partes del tálamo, hipotálamo, hipocampo y amígdala cerebral.

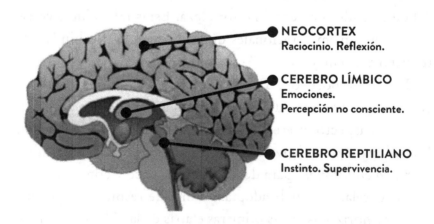

NEOCORTEX
Raciocinio. Reflexión.

CEREBRO LÍMBICO
Emociones.
Percepción no consciente.

CEREBRO REPTILIANO
Instinto. Supervivencia.

Estas emociones que, en oportunidades, arden bajo el umbral de la conciencia, están allí, a veces agazapadas, y pueden ejercer un alto impacto en la forma de percibir el mundo. Sin embargo, no sabemos que están allí y, por alguna razón, las reprimimos. Y aquí destacamos el término *"razón"*. Precisamente, esa habilidad de no lograr conocerla funciona gracias a los mecanismos de defensa que creen protegernos de posibles amenazas a nuestra integridad. La facultad de dilucidarla o representarla reside en nuestra capacidad de abstracción e interpretación.

¡Cuántas veces nos han dicho la frase *"decide con el corazón"*! Una expresión que involucra una conexión entre el corazón y el cerebro. Y efectivamente es así. Desde el punto de vista fisiológico contamos con la ínsula, una estructura del cerebro humano que se encuentra ubicada en la superficie lateral del cerebro, dentro del surco lateral que separa la corteza temporal y parietal inferior. No es visible en su cara externa y está conectada con los órganos y con el corazón. La corteza insular, especialmente su porción más anterior, está relacionada con el sistema límbico y forma parte de la experiencia subjetiva emocional y

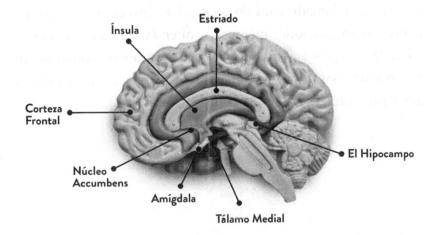

su representación en el cuerpo. Una región que reúne estados viscerales emocionales asociados con la experiencia emocional y la toma de conciencia de los sentimientos.

La relación entre nuestra mente, emociones y biología nos lleva a reflexionar acerca de **la idea de equilibrio.** Esa disposición que nos permite cierta estabilidad con respecto a las fuerzas que nos presionan y alteran la sensación interna de armonía.

Cuando un sentimiento poderoso nos invade, ocupa casi todo el espacio de nuestra mente, abarca parte de nuestros órganos y también, tal vez, afecta a nuestra musculatura. Y si es realmente intensa, genera cierto desequilibrio. Lo que aconsejamos es registrar esta conexión entre cada parte y focalizar el trayecto por donde aparece el mensaje que desestabiliza: en los mecanismos racionales, en la experiencia emocional, en el sistema orgánico-muscular o en la relación de estos entre sí. Esta posibilidad de localizar el trayecto nos permite tomar conciencia de la zona de impacto para luego poder identificar el modo de abordar el conflicto.

Lo cierto es que no somos ni una mente, ni un cuerpo, ni un manojo de emociones. Somos todo esto junto, a la vez, aquí y ahora. El mal llamado *equilibrio emocional* no consiste tanto en victorias o imposiciones racionales, ni en la represión o el control de las propias emociones, sino en el encaje o acoplamiento entre nuestras emociones y nuestro razonamiento, o sea, en un equilibrio entre estos diferentes procesos.

Escucha tu cuerpo

Te invito a ingresar en tu laberinto.
Dame la mano para acompañarte.
Cierra los ojos.
Busca en tu corazón
la brújula, el mapa de ruta.
Quédate admirando el paisaje que aparece, aunque
la salida no se dibuje todavía.
Al comenzar a transitarlo tal vez tengas la sensación de que no
hay horizonte y que las huellas que vas dejando son vírgenes.
No hay salida. Los pasos y los rastros se pierden, van y vuelven
invisibles, abriendo senderos que se ramifican interminables.
Esto desespera. Te pierdes y sobreviene el temor
de no volver a encontrar la salida. O, al menos, hallarle
un sentido a esa decisión que has tomado.
Aunque no sea para encontrar la salida, sino para aplacar
el sentimiento de desorientación, te pido que respires
hacia el pecho e intentes llenarlo de aire con la imagen
de que algo se va abriendo, como si fuesen caminos de color claro.
Quédate solo en eso, no le pongas palabras.
Luego, cuando abras los ojos, déjate llevar
por la reflexión-acción.
Te propongo que alejes el temor
a lo que es nuevo o a vivir lo que no se entiende.

¿Has advertido algún cambio en el cuerpo?
¿Cómo percibes ahora la respiración?
¿Puedes describir la llegada de alguna emoción?

Los laberintos forman parte de la experiencia humana. Cada vida es un laberinto con imperceptibles curvaturas y bifurcaciones. Nuestro recurso sagrado para atravesarlo es el cuerpo. Navegar por sus caminos a través de las voces del cuerpo nos propicia la maravilla del autoconocimiento de nuestros límites, miedos y herencias ancestrales. Si lo visualizamos como un viaje, una aventura, una travesía, una peregrinación interior, tal vez lo podamos atravesar con mayor calma, hasta como un desafío.

El dolor

Uno de los enigmas que siempre nos ha inquietado y con el que frecuentemente tenemos que convivir es el dolor. ¿Qué es el dolor? Resultaría difícil encontrar las palabras adecuadas para definir una experiencia de tal magnitud. Ya sea físico, psíquico o emocional, el dolor como experiencia desgastante que incluso puede arrebatarnos la paz y la felicidad, nos conecta con la vulnerabilidad y también nos lleva a preguntarnos sobre su sentido y causa.

El dolor es una verdad, en ocasiones, escondida, disfrazada, silenciada, resguardada bajo el riesgo de aceptar una vida engañada en sus cimientos. Acompañarlo desde la sinceridad de nuestras heridas, desde el ánimo de palparlo con sutileza, es una forma de no traicionar esa voz corporal que punza, lastima, atormenta y aflige.

La experiencia dolorosa es compleja y más rica que la mera impresión del dolor. Le brinda al organismo un mecanismo de protección y lo alerta sobre un daño potencial a través de los sentidos y las emociones. La percepción del impacto que nos ocasiona el dolor nos molesta, genera movimientos internos, e inaugura una nueva mirada que va más allá del dolor físico. Nos conecta con abatimientos, tormentos, contextos nocivos y desazones que son necesarias identificar. Tanto sus fuentes, como las resonancias de situaciones o vínculos que nutren o intensifican el dolor, son parte de la experiencia del dolor.

Cuando el dolor se inscribe bruscamente en el cuerpo se siente como un rayo que atraviesa las entrañas. Una punzada desgarradora cruza el túnel de lo desconocido. Un espesor de energía crece y crece alrededor. El cuerpo se estremece, agita su respiración, la sangre corre más y más a prisa. La sensación llega al corazón y las piernas se debilitan. Nos encrespamos por dentro. Ya no podemos zambullirnos en las sombras. Ese relámpago nos ha oscurecido.

Nuestros dolores tienen mucho para decirnos. Detrás de cada padecimiento hay una historia viva que se hace cuerpo. Pensar que podremos aliviarnos solo con remedios externos no nos llevará al centro del dolor. Porque de esta manera socorremos las molestias a través de la inmediatez y eso significa que únicamente nos vincularemos con la capa superficial del dolor. De modo que, si rápidamente intentamos calmar las desazones, lo haremos de forma transitoria.

El dolor deja huellas en el cuerpo, se manifiesta.

Después de observar un gesto, o escuchar alguna frase que nos ha herido, irrumpe una emoción que toca el cuerpo. Se manifiesta a través de sensaciones, a veces las manos tiemblan si emerge el miedo y la voz se entrecorta, los hombros se levantan sutilmente y los ojos pierden el brillo. Si la situación se agudiza, la ferocidad del dolor produce una erosión interna que puja intensamente. Estas impresiones son fuente de información para quien las atraviesa. Por eso uno de los consejos sugeridos es explorar las huellas corporales del dolor, esas voces que anuncian algo, que piden auxilio. Para liberarse de estas ataduras, sugerimos atravesar el dolor. Cruzarlo para registrar qué hay allí retenido, bucear a través de él. Sólo después de franquearlo, elaborarlo y contar con la información que nos está transmitiendo, podrá transmutar en una experiencia valiosa. Desde esta perspectiva, el dolor llega para enseñarnos algo que no sabíamos de nosotros mismos.

El cuerpo duele porque algo en nuestro interior está atormentado. Las tensiones, los desequilibrios, los gestos y movimientos de abatimiento, son ecos visibles del dolor interno.

El dolor es una voz que anuncia algo, es una de las voces más valiosas del cuerpo. Si lo interpretamos desde una perspectiva psicocorporal, decimos que dentro de nosotros existen voces ignoradas, dormidas, que, en cierto momento, piden ayuda. Tal vez hay deseos o miedos que procuran ser rescatados para poder expresarse. Sin embargo, como han vivido allí muy cómodos, cada vez que anhelan librarse, un impulso los lleva a agazaparse nuevamente. No obstante, ese ímpetu comienza a atormentar al cuerpo y duele. La ferocidad del dolor produce una especie de erosión interna que puja para salir a la superficie. Luego de sortear capas de obstáculos, el cuerpo lo vuelve consciente y queda preparado para recibirlo. Cuando el dolor se muestra lo hace a través de síntomas inesperados que impactan sobre el cuerpo.

Recuerdo la historia de **MARISOL** y su preocupación por sus dolencias.

Todas las mañanas y las tardes Marisol permanecía apretada entre la silla de su escritorio y la computadora del box donde oficiaba como administrativa de una empresa. Como ella y su marido trabajaban full time para mantener los gastos de la casa, a las siete de la mañana llevaban a su hija de un año a un jardín maternal. La idea de dejarla durante más de ocho horas la desgarraba. Greta lloraba a gritos apenas estacionaban el auto frente a la puerta y se aferraba a la ropa de Marisol hasta que una de las maestras la desprendía con una golosina y muchos mimos. Llegaba a la oficina y no hacía más que abrir y cerrar archivos leyendo desatenta las hojas de biblioratos, revisando cajas y cajas, y mirando cada quince minutos el reloj. Trabajaba en exceso, obedecía las órdenes de un jefe que la controlaba con insistencia y la sometía a organizar almuerzos soporíferos con clientes.

Marisol era muy querida en la oficina, siempre había algún compañero o compañera cerca suyo. Mientras conversaba con ellos, sentía cierto alivio, pero cuando oía el taconeo de su jefe y debía *enchufarse* a la computadora para llenar casilleros con números o revisar facturas, sentía que su energía se desvanecía y se le terminaban las fuerzas para continuar. Una cadena de bostezos le nublaba la vista y los dedos se le endurecían como desafiándola para que no continúe con eso que la disgustaba tanto.

Cada mañana Marisol trataba de elaborar una vacuna eficaz, una defensa destinada a preservar intacta su vida en ese mundo que no encuadraba con ella. Lo único que la tranquilizaba era una especie de fuente interna cuya agua vital se renovaba cada vez que su hija o su marido la abrazaban. Después de muchas señales —dedos entumecidos, dolores atormentadores sobre las vértebras lumbares—, se tomó una pequeña licencia por enfermedad. Decidió dejar a Greta medio día en el jardín maternal y, como ella era una mujer naturalmente activa, mientras reposaba, recuperó una actividad que solo había realizado entre los 12 y los 19: tejer crochet. A medida que recuperaba su olvidada habilidad, le brotó una naturalidad milagrosa que la llevó a tejer bellísimas prendas en poco tiempo. Nada de dolor en los dedos mientras avanzaba con sus agujas tejedoras. En esa semana su rostro se transformó, deshizo todo el equipaje que le había colapsado las vértebras y hasta se asustó de la energía que le quedaba después de tejer tantas horas mientras Greta la observaba desde su cuna.

El día que regresó a la oficina ni siquiera pudo soportar media hora. El dolor de lumbares se reanudó y los dedos se le volvieron a endurecer. Una mezcla de enojo y angustia asaltaron su pecho cuando observó el taconeo de su jefe que se iba acercando. El corazón duplicó el ritmo y la tensión en el cuello resonó en su cabeza con una puntada dolorosa. *"Renuncio"*, le dijo. Todos la miraron con sorpresa.

Con una sonrisa radiante, Marisol les dijo a sus compañeros que luego se comunicaría con cada uno. Vació su box y se marchó.

Al día siguiente, utilizó esas ocho horas para crear bellísimos cubrecamas al crochet. Primero fue un emprendimiento personal por el que no recibía mucha paga; sin embargo, al verla tan luminosa, el marido alentó su iniciativa. Greta ya no necesitaba el jardín maternal y, durante un tiempo, se ajustaron los gastos. Pero no fue mucho, porque Marisol se asoció con otra persona y entonces su negocio prosperó.

Los síntomas físicos le ofrecieron a Marisol informaciones muy valiosas. Los dolores le comunicaron que ese no era el lugar para desplegar su potencial. Al cambiar de tarea, logró conectar con la vida de su cuerpo y su trabajo le dio placer. A medida que fue desarrollando esa ocupación, se despertó en ella una intuición que le insistía para que profundizara más en ese terreno. El trabajo le proporcionó el máximo de habilidad con el esfuerzo mínimo. Se involucró de cuerpo entero. La energía vital fue la que reguló su tarea y ésta transcurrió con mucha destreza hasta resultar rentable. La vida laboral fluyó sin esfuerzo. Fue placentera, le dio gusto vivirla.

La historia de Marisol nos enseña que, cuando afloran los dolores, el mejor consejo es confiar en esas intuiciones sutiles, impulsos y fuerzas internas que reclaman un espacio propio que no estamos atendiendo. Se trata solo de escucharlas y dejarlas ser. Simplemente eso. Cuando están más a la vista, podremos adentrarnos en sus raíces y acceder a las fuentes de esos dolores.

Durante las sesiones terapéuticas quienes consultan suelen mostrar muchos rasgos de cansancio emocional. Se necesita cierta calma, tolerancia y paciencia para llegar al centro de los dolores ahogados. Tal como lo muestra la historia de Marisol y tantos otros casos con los que he trabajado, detrás de las sensaciones del cuerpo hechas palabra se asoma un mundo de percepciones desconocidas que, a través de un abordaje psicocorporal, nos conduce a las fibras musculares más profundas develando dolores viejos.

En algunas historias de vida se van dejando ver formas de control que sostienen padecimientos. Se muestran matices del dolor que van desde las fibras superficiales hasta las muy subterráneas, en muchos casos, reveladoras de informaciones antes inconscientes.

Otra de las mujeres que me ha consultado, **MARCELA**, convivía con dolores generalizados afines a un cuadro de fibromialgia. Ella alegaba que se debían a su excesivo compromiso con una empresa muy reconocida donde ocupaba un puesto jerárquico y a su responsabilidad como sostén de hogar. Madre de tres hijos a quienes seguía minuciosamente y divorciada, vivía con el tiempo cronometrado.

La impaciencia era su estado permanente y expresaba que algo por dentro no paraba de correr. Al realizar una lectura corporal, noté la apariencia de un cuello rígido que constituía un armazón endurecido en su articulación con hombros y brazos. Los movía como en bloque. Cuando hablaba remarcaba la letra "S" y apretaba la mandíbula al terminar cada frase. Simultáneamente, sus hombros se elevaban y los brazos y manos se estiraban hasta tensar extremadamente los dedos.

Con ejercicios corporales comenzó a tomar confianza y a tranquilizar su respiración. Observé sus ojos verdes que no llevaban maquillaje y descubrí una mirada triste. Cuando le pregunté acerca de sus sentimientos, su voz se volvió más suave y agradable y, a continuación, al hacer contacto visual conmigo, se encontró con el dolor. Ubiqué la palma de mi mano en el pecho e hice presión, advertí algo metálico. Comencé a palpar punto por punto y le pedí que respirara con suspiros sonoros. Escuchó cada retumbo de su voz y, a medida que presionaba más su pecho, la voz se hizo más potente hasta que pudo soltar un grito inesperado. Inmediatamente, advirtió las huellas de mucha emoción reprimida. Recién allí le puso palabras al dolor y desenmascaró una historia atrapada por el yugo del control. Fue hilando diversos escenarios para llegar a la recomposición de aquellas circunstancias que causaron la tristeza.

Marcela creía que endurecerse era señal de fortaleza o una prueba de que era capaz de hacer frente a la adversidad, de que nada la quebrantaría, de que podía seguir tolerando. Su mandíbula era una zona que se endurecía para poder bloquear llantos e ira. Este bloqueo permaneció durante mucho tiempo y se expandió a su cuello, omóplatos y zona inferior de la columna. Por esto le hice hacer un ejercicio: mover lentamente la mandíbula, pesadamente de lado a lado, adelante y atrás y en forma circular. Cuando aflojaron las tensiones, aparecieron cadenas de bostezos y suspiros contenidos. Bocanadas de aire que salían del cuerpo, indicadores importantes de que ya no contenía el aliento. Tomó conciencia del bloqueo abdominal y la inhibición de su capacidad respiratoria, sin embargo, al permitirse soltar la voz, el aire entró a galopar libre. Detrás de esa marea de suspiros contenidos, de respiraciones estancadas, advirtió desahogo. Se abrieron dos grandes compuertas internas y, entre ellas, emanó una cadena de nuevos bostezos. No pudo detenerse. Sus ojos se abrieron como dos lunas y su boca de sonrisa le permitió dejar pasar todo el oxígeno que le estaba faltando. Expandió el pecho para vaciarlo de impurezas, le quitó todo el aire enviciado. Surgió una sonrisa que deshilachó despacio tensiones acumuladas. Algo exquisito sucedió, su centro descendió y la planta de los pies se afirmó más a la tierra. Descubrió que podía moverse con menor esfuerzo y el deleite de la espontaneidad apareció. Renovada, percibió una sensación de limpieza interna ya que había desechado las impurezas contenidas.

Marcela había sentido un tipo de cansancio que anunciaba el límite de su esfuerzo cotidiano, eran señales específicas de dolor físico que la interpelaban para tomar conciencia de que había superado la frontera de sus posibilidades para seguir exigiéndose. Sin embargo, solo pudo registrarlo cuando agotó sus últimas reservas. En ese momento expuso su cuerpo a una rigurosa autoexigencia y el estrés emocional que le provocó alteró la paz de sus vínculos.

Pasada esta primera instancia, el trabajo con Marcela continuó y lo siguiente en aflorar fue su inseguridad. La agitación interna se escondía en un cuerpo excesivamente erguido, dispuesto a clavar su mirada incisiva en los otros con la certeza de que era esa la forma de generar autoridad. Esa afilada postura era tan solo una armadura que se construyó por el miedo aprisionado. Generó corazas y una férrea creencia en que nada la sostendría si se desarmaba. Al conectarse con las fuentes del dolor, a aquellas experiencias que la acorazaron, identificó el origen de eso que la había blindado. Seguidamente comenzó a buscar una manera placentera y cómoda de vincularse con sus compañeros de trabajo y soltó el control extremado de sus hijos.

Durante la primera etapa de la toma de conciencia del dolor, Marcela se vio invadida por un intolerable desorden. Pasó de la sensación de control absoluto al caos interno. Tomar conciencia de este movimiento le generó resistencia. Decía que ese no era su ritmo, que se aburría, que necesitaba observar resultados inmediatos y que no soportaba la espera.

Al identificar cuál era la razón de tanta aceleración, el ritmo de su respiración se apaciguó y su tono aminoró la prisa. Por un lado, reordenó prioridades para descubrir la necesidad de vivir en el aquí y ahora y, por el otro, descubrió el peso que llevaba adentro de su cuerpo gracias a su desmedida autoexigencia.

Entre otras cosas, el caso de Marcela me reveló que el dolor es señal también de tramas más complejas que conjugan lo físico, lo emocional y lo mental; un engranaje de voces varias que para ser capitalizadas requieren de un trabajo sostenido y paciente. En su caso, lo físico se expresó en molestias musculares: tensiones, contracciones crónicas, quemazones, irritaciones, punzadas. Lo emocional, a través de miedos, enojos y arranques de ira; y lo mental, en sus relatos y asociaciones. Abordar el dolor desde estas tres dimensiones me condujo a *oír*, desde una especial escucha, aquello que rodeaba a sus molestias. Reconocimos juntas qué estímulos, señales, ondas, mensajes, voces, palabras, pistas, impactaban y le producían dolencias.

Cuando nos encontramos con las informaciones que nos proporcionan los dolores puede ocurrir que surjan ciertas resistencias, bloqueos y huidas. Este es un momento muy importante para prestar atención sin apurarse. Si intentamos identificar primero aquello inmediato que perturba nuestra cotidianeidad, advertiremos que detrás de esto que tenemos a mano, y que por algún motivo no estamos viendo, se oculta información valiosa para nuestro bienestar. Cuando nos detenemos en estos detalles, comenzamos a descubrir el efecto emocional o las resonancias emocionales que generan en nuestro cuerpo; de esto se trata atravesar el dolor. La *resonancia emocional* se produce cuando nos afectan determinados gestos, actitudes, palabras, contextos, músicas, ruidos. Es una expresión proveniente de la música: resonamos por afinidad con el retumbo del otro.

Volviendo al caso de Marcela, durante mucho tiempo ella convivió bajo el manto de un bienestar camuflado que no hacía caso a ninguna resonancia emocional. Por esto, para poder avanzar en el camino hacia su transformación, tuvo que tomar cierta distancia de su historia para registrar el maltrato que había naturalizado. Comprobó de manera consciente que vivía en un bienestar fingido, que ante ciertos estímulos dolientes su musculatura se endurecía, y que por momentos tenía la sensación de sentirse atrapada por fuerzas externas que le dictaban cómo actuar y cómo sentir. Cuando aparecían ciertos mensajes (accidentes, enfermedades, irritaciones, etc.) que le proporcionaban información para detenerse y avanzar hacia un cambio, los maquillaba con racionalizaciones. En ese instante, se alienaba de su ser, se ausentaba de sí misma como hipnotizada por ilusiones: *"Todo va a pasar"*, *"Ya vendrán tiempos mejores"*, *"Él va a cambiar, haré lo posible para que así sea"*. Nada de lo que sucedía la despertaba hasta que, de repente, sucedió: los dolores se volvieron más fuertes y Marcela pudo verlos por primera vez y entender que allí había una necesidad que atender. Pudo tocar entonces las marcas de su dolor. Por un instante creyó que esos dolores no se terminarían nunca, que eran absolutos, que habían copado su cuerpo. Logró reconocer que, más allá del impacto, existía un potencial y, donde creía que había sucumbido la esperanza, esperaba un nuevo comienzo, el preludio de un giro, de un movimiento. Tomó conciencia de su proceso hasta nombrarlo e identificar *quién*, *qué* o *quiénes* habían despertado ciertos dolores.

El pasado suele reflejarse en muchos de nuestros vínculos, ya sean lazos profundos o casuales. Esto quiere decir que, por lo general, sin darnos cuenta, cuando nos acercamos a una persona, algo de nuestra memoria emocional se pone en juego. En esta aproximación de historias vividas, se produce una recreación de resonancias emocionales.

Cada dolor erosiona la vitalidad. El dolor nos hace estar más conscientes de nuestro cuerpo y es una experiencia que quebranta la ilusión de que todo marcha bien. Quien acepta esta situación convierte el hecho doloroso en una misión: reparar. El dolor es una señal que nos interpela y, si lo registramos, se convierte en una experiencia capaz de transformarnos. Por eso su expresión constituye una prueba de la existencia humana. No es sólo síntoma de un problema, sino que es parte de la solución. Sentimos dolor para motivarnos a resolver cualquier inconveniente que, en primera instancia, ha causado ciertos padecimientos.

Es verdad que, para muchas personas, el dolor es solo una ocasión de desmoronamiento definitivo que los incapacita para padecerlo y franquearlo. Por esto es importante advertir que no se puede imponer el modo de recorrerlo sino ayudar a descubrir el propio. La solución radica en ser capaces de encontrar el modo personal de atravesarlo, con la capacidad de admitir ese malestar y evitar la desesperación o el dramatismo.

Escucha tu cuerpo

Graba estas palabras primero, leyéndolas pausadamente.
Luego, antes de situarte en una postura cómoda, acciona el play.
Ahora sí, siéntate en una silla con la columna derecha
o recuéstate en una superficie dura.
Cierra los ojos y permite que los oídos se concentren
en algún sonido circundante.
Intenta vaciarte de deberes.
Si viene algún pensamiento de una tarea por cumplir
desvía la atención hacia el modo en que estás respirando.
Percibe cada uno de los apoyos de tu cuerpo.
Esa superficie que te sostiene.
Comienza a explorar tu cuerpo.
¿Qué zonas sientes tensas?
¿Dónde adviertes peso?
No actives el cuerpo, solo percíbelo.
Ahora respira aún más profundo.
¿Distingues algún malestar físico o una sensación particular?
Imagina que abrazas esa zona y luego la acaricias con la respiración,
como si el cuerpo quisiera desahogarse de ese dolor.
Al exhalar, ¿vislumbras algo que se suelta,
como si saliese de entre la musculatura?
Ahora respira naturalmente.
¿Has sentido algo en especial?
¿Lograste advertir la voz de algún dolor?
¿Cómo es?
¿Podrías describirla y tal vez anotarla?

Dejar salir el dolor puede habilitar momentos de placer. Una vida que adormece el dolor o lo acorrala entre sus corazas, bloquea la libre circulación del placer. De esta manera podremos buscar recursos para transformar ciertos comportamientos que evitan los dolores. La vida es padecimiento y disfrute, dolor y placer. El miedo al dolor hipnotiza y cierra la oportunidad para el cambio. La osadía de enfrentarlo es el alimento de nuestra vivacidad y el motor de la transformación.

A no desesperar, cuando el cuerpo amaina, emerge lo sujetado. Es necesario entregarnos a esa especie de purificación. Si irrumpe una dolencia, atravesarla. Los síntomas representan pedidos de ayuda.

Hay una respuesta frecuentemente asociada al impacto del dolor: **la queja**. Esta es una manifestación de molestia o disgusto con el fin de resistir o evitar el daño. Sirve básicamente para exteriorizar las emociones y pensamientos negativos y movilizar acciones para el cambio. En ocasiones, podemos utilizar la queja como modo de descarga o válvula de escape; el problema surge cuando nos aferramos a ella y la convertimos en algo indispensable en nuestras vidas. De esta manera, focalizamos nuestra atención sobre lo negativo y lo convertimos en un estilo de vida. *Quejarse desvitaliza e intensifica los dolores con el riesgo de que se tornen crónicos.* Cuando esto sucede, deviene la impaciencia y se agrava el malestar, sobre todo desde la dimensión emocional del dolor. Es aconsejable atender a la conducta quejosa ante los dolores. Nuestra capacidad para transitar ciertos malestares está muy condicionada por las experiencias de dolor que hemos vivido, en concreto, por la manera en la que históricamente los hayamos afrontado.

Cuando el dolor se inscribe bruscamente en el cuerpo, las molestias se manifiestan indistintamente en cada uno de nosotros. Para algunos constituye una amenaza con el riesgo de convertirse en sufrimiento. Nos sentimos inquietos o inquietas por algo que no podemos descifrar. Un padecimiento que, no solo se radica en nuestros órganos, sino en lo más profundo de nuestro ser, ahí donde, a veces, no tenemos acceso porque estamos hablando del dolor del alma.

Existen dolores que pueden proyectarse sobre cualquier zona corporal sin más motivo que el costo de una posible amenaza. No hay daño real, no hay ningún órgano físico lastimado, sin embargo, la mente dictamina que sí hay peligro, e incluso peligro de muerte. Esa señal mental pone al cuerpo bajo el riesgo de la inminente amenaza: da lo mismo que duela la cabeza, la zona lumbar, la cervical o los pies, es suficiente con la voz mental que nos dice que algo terrible nos va a pasar. Este estado de pánico activa un circuito que resuena y se refracta en diversas zonas corporales hasta poner al cuerpo en una sensación de colapso general. Al mismo tiempo que la sensación de peligro nos acorrala, sentimos la necesidad de salir de ese desasosiego.

Durante episodios como este, conocidos como *ataques de pánico*, se activan las defensas, esos mecanismos inconscientes que empleamos para protegernos de emociones o pensamientos que pueden producir ansiedad, depresión o, por ejemplo, una herida en la autoestima. Las defensas primarias pertenecen a los primeros años de vida y son aquellas que nos llevan a construir ilusiones. Cuanto más secundarias o pertenecientes a épocas tardías del desarrollo, mejor podremos identificarlas para volverlas conscientes. En este caso, el dolor podrá localizarse y tendremos la posibilidad de advertir que nos pertenece. En ocasiones se disemina e invade el cuerpo de manera indiscriminada, nos domina. La clave es intentar acercarse a las sensaciones y aprender a conocerlas *observándolas* objetivamente. Enfocarse en el instante en el que estamos, evitando preocupaciones pasadas y futuras.

Escucha tu cuerpo

Si adviertes algún dolor en el cuerpo,
cierra los ojos e intenta confrontarlo.
Debes concentrarte en la posibilidad de separarte del dolor.
Prueba la disociación.
Se trata de imaginar que la parte dolorosa del cuerpo
está separada del resto, bien lejos de la mente.
Visualiza tu dolor, dale forma. No tiene que ser
nada concreto, puede ser un color, un objeto, un sonido,
una luz brillante.
Observa si se reduce gradualmente.
Desvía la atención hacia otra zona del cuerpo.
Luego respira profundamente intentando volver
a acercarte al lugar de la molestia.
Realiza este ejercicio de distancia y acercamiento varias veces.
Finalmente, respira de manera natural,
centrando la atención en el entrecejo.

Se puede sentir solo lo que se mueve internamente. *La sensación de dolor tiene historia.* Su voz resuena cuando algún estímulo la reedita, por eso, es necesario decodificarla a través del autoconocimiento. La inclemencia de ciertas experiencias punza en zonas específicas de nuestro cuerpo, nos produce heridas. Sin embargo, cuando nos disponemos a investigarlas y conocerlas, se abre un abanico de matices, hay dolores agudos, superficiales, cándidos, sutiles, penetrantes, añejos o nuevos.

Cada uno de nosotros lleva adentro las huellas provenientes de dolores muy primarios, de crianza, de vínculos embrionarios. Algunos de estos dolores, por ser tan primarios, no son conscientes, es decir visibles, porque están escondidos bajo capas de protección que nos han permitido sobrevivir. Si esos dolores primarios se enquistan en nuestro interior, viviremos anestesiados por el esfuerzo del ocultamiento emocional, y correremos el riesgo de existir como seres apartados, ausentes, extraños de nuestro sí mismo. Acumular muchos dolores no tratados nos coloca en un limbo impersonal, tan solo inhalando y exhalando. No encontramos manera de conectarnos con las emociones profundas porque están muy congeladas y resguardadas en las tensiones.

En muchos de nosotros el miedo al dolor hipnotiza, genera compactas ensambladuras. Pero, si tenemos la dicha de animarnos a navegar por aquella historia que nos está azotando, tal vez llegue la trasformación.

Amurallar el dolor puede devorarnos por dentro y acolchonarlo (es decir, no dejarlo que duela), nos traiciona. En cambio, si lo atravesamos, tendremos la posibilidad de crecer. Transitarlo nos afecta física y emocionalmente. Por momentos parece que caminamos sobre un desierto, o quizá nuestra sonrisa es forzada y el cuerpo rígido se mueve como accionado por un motor, sin embargo, existe un potencial que está allí y que necesita ser escuchado. En esta etapa la sanación puede tomar otro ritmo, tal vez sea más lenta, por eso proponemos aceptar con serenidad esa tregua y acopiar una dosis considerable de paciencia. De esta manera, nos estaremos preparando para hacer descender desde algún lugar del cuerpo esos malestares profundos que están esperando llegar a tierra. Se trata de una pausa necesaria y personal. Las zonas del dolor suelen permanecer muy *cuidadas por el ego* que nos protege de posibles amenazas; por eso aconsejo escuchar cada una de las voces del cuerpo y ser amables con ellas. (Llamo *ego* a aquella parte de nuestra personalidad que intermedia entre el mundo interior y exterior, entre el yo y los demás. Es el encargado de formarnos una imagen de lo externo diseñando la propia autoimagen en función de ese registro. A la vez, esta autoimagen construida influye en la circulación y expresión de nuestras emociones, sentimientos e impulsos. De modo que el ego es quien construye la imagen que tenemos de la realidad en la mente. Una representación que no siempre coincide con los hechos objetivos, sino que es el reflejo de nuestra subjetividad. Es decir, de nuestra mirada personal teñida de historia e influencias diversas como la familiar, social o cultural.)

* * *

Como ya lo mencionamos, solemos advertir al dolor como una señal de peligro, una amenaza a la integridad del organismo. Todos los sentidos están en alerta y la musculatura se prepara para enfrentarse a la amenaza. Sin embargo, podemos intentar modificar ese modo de vincularnos con el dolor si, desde el momento que se presenta, lo aceptamos.

El *poder de la aceptación* nos hace soltar, evita el apego a eso que nos está molestando. El apego crea sufrimiento, la negación crea sufrimiento, pero la aceptación nos brinda claridad y se ubica a un paso del placer.

Aceptar el dolor es integrarlo como parte de nuestra realidad. Apropiárselo. Al hacerlo, el cuerpo deja de resistirse y de luchar contra él. Cuando abandonamos esa pelea, pasamos a una dimensión de serenidad, a un universo mucho más amplio que la sola pretensión de calmar o curar un síntoma. Cuando se acepta el malestar tal como es, el dolor no se magnifica ni tampoco el control que éste ejerce sobre nuestra vida. En otras palabras, *aceptar el dolor evita el sufrimiento*.

Aceptación y resignación son dos actitudes muy diferentes. La resignación surge en la mente y no de la realidad. Carece de movimiento, es pasiva. Nos ubica en una actitud de rendición: quedamos capturados compadeciéndonos, sintiéndonos víctimas de la situación y repitiéndonos *"Es lo que hay. No puedo hacer nada al respecto"*. Nos esclavizamos ante la situación, dejamos de buscar alternativas y nos postramos ante un dolor que, en oportunidades, bloquea nuestra vida.

Cuando aceptamos lo que nos sucede, aun cuando nos aflija, se abre espacio para la templanza, un paso clave en nuestra preparación para sondear otros caminos. Y, aunque suene paradójico, esto también alivia la ansiedad por cambiar la situación de manera inmediata. Poner en marcha la aceptación del dolor significa respetarlo profundamente y darse tiempo para sondearlo con calma para poder decidir qué camino tomar para sanarlo. Por esto, *el camino de la aceptación nos ofrece libertad*; en cambio, la resignación genera dependencia del dolor, porque la dejamos permanecer en nosotros hasta que se vuelve sufrimiento. Cuando asociamos dolor con aceptación, incluimos la idea de movimiento y cambio. Relajar, no luchar, abrir posibilidades, observar lo que tenemos ante nosotros, son nuestros aliados para sanar.

La convivencia con el dolor incomoda, nos lleva a salir de nuestra zona de confort. Esto puede generarnos temores, incertidumbre, caos interno, pero, si nuestro deseo es cambiar, es necesario atravesarlo. *El dolor purifica el cuerpo y el espíritu, y su dimensión espiritual es relevante para abordar el concepto de sanación.* La espiritualidad se asocia con la plenitud, con una visión elevada y profunda de la vida. Implica reconocer y dar lugar a cierto misterio o magia, que no puede ser aprehendida en su totalidad por nuestro pensamiento, aunque resulta admirablemente lógica. Significa creer que en la cotidianeidad existe una dimensión constituida por el espíritu de vida, por energías que nos rodean e impactan.

Como dice Enrique Martínez Lozano en su ensayo *La botella en el océano*: "*La espiritualidad es abierta, flexible, pluralista, dialogante, incluyente y universal. No conoce el juicio, la condena ni la intolerancia. Nos coloca en el camino de la experiencia y la búsqueda. Es coherente con nuestra condición humana, respetuosa con los otros y humilde ante el misterio inefable*".

Todo esto confluye en la concepción del dolor como medio para sanar. "*El dolor es inevitable, pero el sufrimiento es opcional*", dijo Buda. El sufrimiento es una elección, la elección de nuestra mente mediante pensamientos y emociones autoinducidas. La perspectiva que aquí sugerimos se apoya en la concepción de *salud integral*. Aborda los síntomas a partir de la búsqueda de las causas profundas de los dolores. Busca la comprensión de los factores de la personalidad que predisponen a su desarrollo y no se circunscribe tan solo a la zona del cuerpo que duele. Hablar de salud integral significa comprender el estado de salud como un equilibrio mente-cuerpo capaz de instalar la armonía del ser.

Si bien, por momentos, el dolor puede trastocar esa armonía, a veces es necesario ese desequilibrio para la transformación hacia un nuevo equilibrio.

Según Mario Benedetti en su libro de poemas *Inventario*: "*Cada cuerpo tiene su armonía y su desarmonía. En algunos casos la suma de armonías puede ser casi empalagosa. En otros el conjunto de desarmonías produce algo mejor que la belleza*".

El pensamiento maquinal

A veces hablar y pensar demasiado va llenando la mente de palabras y más palabras. Hay algo en esa retórica que encadena y embotella creando una completa confusión. Las palabras se convierten en un refugio y la atmósfera del ambiente en un desierto sin silencios, lanzamos una frase detrás de otra y un monstruo brutal agitándose en el interior pide más y más palabras. La palabra pesa demasiado sobre los hombros anquilosados y exhaustos. Advertimos como una especie de acoso mental, de un ronroneo reflexivo que da vueltas y vueltas. A esto lo llamamos **pensamiento maquinal**. Es una hoz que mina nuestra tranquilidad. Se dispara luego de un estado de alerta donde subyace un alarmante grado de aceleración. Surge de manera impulsiva y se precipita sin darnos tiempo para nada. La vista divaga en una nebulosa remota, la respiración no fluye, es superficial y perdemos el sentido de las presencias, especialmente la nuestra. Es como una cascada interminable que no podemos detener. Cuando el cuerpo se mecaniza porque sus movimientos están determinados por la mente y no por la espontaneidad, la soltura se convierte en una creencia. Ya no es la energía vital la que mueve el cuerpo, sino una voluntad externa, que impide que transcurra con suavidad y que entorpece la naturalidad. Una mente sobreexigida obstaculiza la frescura de la gracilidad, genera pesadez, pensamientos monótonos e incluso abrumadores.

Para liberarnos del pensamiento maquinal es necesario que la palabra le ceda el paso al silencio. Solo de este modo puede comenzar a asomar el lenguaje del cuerpo que nos permitirá alcanzar un estado de intuición sensorial. Esto nos proporcionará más herramientas para un contacto pleno con nuestra esencia o sí mismo corporal.

Somos mucho más que el propio pensamiento, aunque, en ocasiones, la mente y el cuerpo se disocian. Dedicarle mucho tiempo a rumiar pensamientos deja al cuerpo debilitado y con sensación de agobio que, a veces, reaviva constelaciones de pronósticos dramáticos. La identificación con nuestra mente es una espiral incesante que se vuelve compulsiva. Cuando la mente dirige la atención hacia el exterior y lo que ocurre en el mundo nos afecta, la experiencia que nos llega es su efecto en el cuerpo. En este sentido, la experiencia es un fenómeno corporal. Por esto, los dolores son producto de situaciones traumáticas que quedaron ancladas mucho después de haber sido vividas. Las emociones son hechos corporales, son movimientos o alteraciones dentro del cuerpo que se hacen conscientes cuando hay algún estímulo que las reedita. Pero no es tan fácil llegar a ellas porque el poder del pensamiento, en ocasiones, se interpone: la razón se las ingenia para construir muros *protectores*. Además, los pensamientos generan emociones que comunican, y esto se refleja en nuestro sistema energético. Cuando, por ejemplo, estamos preocupados, los pensamientos generan miedo y este estado, sostenido en el tiempo, afecta el funcionamiento de nuestro organismo.

La identificación con la mente también nos conduce a racionalizar las emociones. La mente reconstruye la emoción limpiándola de su naturaleza esencial y se establece como única puerta de acceso a nuestros sentimientos. Este mecanismo de defensa de la mente coarta el entrenamiento de la capacidad intuitiva y les resta confianza a las percepciones espontáneas.

La actividad mental requiere esfuerzo. Andar por la vida pensando todo el tiempo resulta muy cansador. Solo reparamos los signos del agotamiento cuando el cuerpo nos anuncia que hemos superado el límite de nuestro esfuerzo cotidiano. En una oportunidad, me consultó **MANUEL**, un profesor de la universidad, soltero, que sufría de fuertes migrañas. Lo primero que me llamó la atención cuando realicé su lectura corporal fueron sus hombros. Elevados y cercanos a su cabeza, contenían una importante carga de tensión. La propia cabeza también se veía contraída y tensa, lo que le daba un aire sombrío, como de ausencia de alegría. Al hablar gesticulaba muy poco, movía sus labios finos y apretaba nerviosamente los dientes. A Manuel le costaba expresarse cuando le preguntaba acerca de sus sentimientos. Sus respuestas eran monosilábicas. Solo había dos situaciones donde sentía cierta soltura: durante sus clases expositivas en la facultad y cuando escribía sus ensayos. Él necesitaba anotar todo aquello que hablaba entre dientes, porque tenía la impresión de que no podía esperar que sus pensamientos se diluyeran sin documentarlos. Le pedí que grabara alguna de sus clases. Al escucharlas noté que su voz era monocorde y que su charla no contenía ningún atisbo de emocionalidad. Eran puros datos. Parecía como si tuviese miedo a hablar de lo que sentía, quizá por miedo a sentirse expuesto.

Los movimientos de Manuel al caminar o gesticular eran absolutamente mecánicos. Cuando le propuse que jugáramos a movernos como un robot, se rió sarcásticamente diciendo que ya no era un niño y que eso no serviría para nada. De lo que carecía Manuel era de movimientos con contenido expresivo. Andaba alienado y desapegado de sus emociones. Invertía gran energía mental para dominar sus sentimientos mediante mecanismos de control timoneados por su entumecido cuello. Día a día las tensiones de su cuerpo se incrementaron, hasta instalarse en la cabeza y originar importantes migrañas. Manuel se pasaba largas horas entreteniendo pensamientos veloces que dejaban a su cuerpo debilitado y enredado en una confusa sensación de agobio. Si bien la lectura y la escritura eran dos de sus pasiones, dejaron de ser espacios de disfrute y de inmensa libertad tornándose exigentes; Manuel sentía una especie de encarcelamiento cuando las palabras comenzaban a acosarlo. Durante su proceso se dio cuenta de que tenía una inconmensurable necesidad de silencio. Y lo paradójico fue que cuando encontraba minutos de mutismo, ese intervalo no era del todo pacífico, lo llenaba de pensamientos. Estaba allí en medio de una pausa engañosa, porque en verdad las palabras no dejaban de acosar su mente. Era agotador, un barullo tortuoso circulaba constantemente por su cabeza y le quitaba su vitalidad. La ferocidad del dolor de cabeza afiló tanto su potencia que le produjo como una erosión interna debilitando, hasta el límite, los músculos de sus vértebras cervicales.

Tanto esfuerzo por racionalizar le había afectado su vivacidad o gracia. Así es que, en sus sesiones, opté por proponerle un ejercicio en el marco de un contexto conocido y confortable: escribir sus emociones. Le indiqué que escribiera las respuestas a mis preguntas en una hoja, y, una vez escritas, debía leerlas en voz alta. *"¿Qué es lo que más o menos te entusiasma? ¿Qué te da miedo? ¿Qué te hace reír?"*, le pregunté. Respondió que no sabía qué lo entusiasmaba y que no tenía registro de aquello que le daba miedo. Lo que sí notaba era que se reía poco. Cuando intenté vincular las palabras "reír" o "miedo" con alguna imagen o cosa, nuevamente se mostró desorientado. No tenía registro de sus sensaciones.

Nuestro trabajo en varias sesiones fue jugar con las palabras y el cuerpo, colocando afiches en el suelo y dibujando sus partes corporales sobre esa base. Poco a poco, pudo comenzar a expresar mediante la escritura y el dibujo sus sentimientos, pero cuando soltaba el lápiz o la lapicera, su dibujo quedaba allí, en el papel, e inmediatamente sellada su espontaneidad convirtiéndose en un cuerpo robotizado. Era como si le echase un candado a la naturalidad *para que siga la función*.

En una oportunidad, delineé su silueta sobre unos afiches y la adherí a una pared. Le propuse que la mirara y que cubriera sus partes con dibujos y/o palabras. Fueron conmovedoras las líneas dibujadas desde su cabeza hacia afuera. Cada una de ellas contenía una frase o dicho popular en su familia. Luego me dijo: *"Durante mucho tiempo no pude explicarme la irritación e impotencia que advertía cuando desaprobaba un examen u obtenía una nota por debajo de mis expectativas. Ahora creo que mi organismo trataba solamente de elaborar una vacuna eficaz, una defensa destinada a preservar intacta mi vida en ese mundo demandante, exigente y desenfrenado, bajo cuya superficie se embravecían torrentes profundos que amenazaban armarme para siempre. Lo único que me tranquilizaba eran los libros, allí se plasmaba mi amor por el mundo y a través de los personajes, vivía"*.

Le propuse recrear de otra manera sus palabras, de modo que jugamos a ponerles colores o representar sus respuestas con imágenes. Poco a poco fuimos saliendo de su supuesta zona de confort (la escritura) unificando palabras y movimientos.

Nos adentramos en su cuello y garganta hasta tomar contacto con el dolor de cabeza y comenzar a visualizar cuando surgía: contextos, relaciones. Intentó registrar su cuerpo en esas ocasiones y adoptar conductas o actitudes diferentes a las conocidas.

Con estos recursos tomó conciencia que, desde su pecho hacia abajo, era como un ser invisible, impalpable, insensible. Nunca había tenido registro de la importante escisión que existía entre su cuerpo y su mente.

Después de cierto tiempo, logró tener registro de su manera de caminar y notó que su cuello era el motor de su andar. Lo estiraba exageradamente como si quisiera llegar primero con la cabeza a algún lugar y realizaba mucho esfuerzo. Antes de hacer un trabajo corporal, no tenía la sensación de que él era su propio cuerpo porque éste era solo el lugar de su yo pensante. Fue necesario estimular el contacto con su piel, sus músculos, su temperatura corporal, su rostro, su voz e impulsar su vida social desde el vínculo cuerpo a cuerpo para que se registrara más integralmente.

Escucha tu cuerpo

Busca un lugar cómodo.
Cierra los ojos un instante
y comienza a navegar por tu mente.
Ubícate en el lugar de observador de tus pensamientos.
Observa si pasas de un tema a otro.
Entre medio de los pensamientos respira.
Registra cómo ingresa el aire a tu cuerpo y cómo sale de él.
Una vez que dejas de registrar la respiración,
¿qué sucede?
¿Vuelven pensamientos o percibes algo diferente?
Quédate un rato así, en silencio.
¿Vuelven los pensamientos?
¿Son los mismos u otros?
Intenta agudizar el sentido del oído
y registra alguno en especial...
¿Siguen estando los pensamientos
cuando recurres a la escucha?

Suelo recomendar el último ejercicio para los momentos de acoso mental. La posibilidad de llevar la atención a la respiración abdominal es un valioso recurso para atenuar las preocupaciones.

Cuando el cerebro da significado a una circunstancia la vivimos como una realidad inminente. Sin embargo, no somos conscientes de que solo es una posible interpretación de un escenario. Desafiar la cacofonía mental y buscar liberar espacio para confiar en el aquí y ahora, mediante la respiración y el contacto con el cuerpo, es un modo de enraizar en el presente que economiza energía e intensifica nuestro contacto con las sensaciones más que con los pensamientos.

Clarice Lispector en *La pasión según G.H.*, describe de manera poética el poder de la maquinaria mental: *"Ayer perdí durante horas mi montaje humano. Pero tengo miedo de lo que es nuevo y tengo miedo de vivir lo que no entiendo, siempre quiero tener la garantía de, por lo menos, estar pensando que entiendo, no sé entregarme a la desorientación. ¿Cómo se explica que mi mayor miedo sea, precisamente, en relación a ser? Y, pese a ello, no hay otro camino. Lo que era antes no era bueno para mí. Tengo miedo al nuevo modo. Tendré que correr el sagrado riesgo del azar y sustituiré el destino por la probabilidad"*.

La conciencia de lo corporal es la base para el funcionamiento en la realidad. Por lo tanto, cualquier mejora en el contacto con el sí mismo corporal producirá un cambio significativo en la autoimagen, en la calidad de los sentimientos, en la creatividad cotidiana y laboral, en las relaciones interpersonales y en el disfrute de la vida.

No es suficiente saber o entender por qué se percibe aquello que se siente, es necesario experimentarlo en toda su intensidad. Para ello deben encontrarse la creencia con la expresión de ese sentimiento. De esta manera aflora un gesto, una mirada, un tono de voz o un movimiento corporal y luego se escurren las palabras. Es como un impulso que surge casi sin pensarlo. Detrás de algunas sonrisas inalterables emergen miedos, detrás de voces mansas y movimientos lentos, emergen ansiedades. Trascender el sometimiento al entendimiento depara sorpresas. Solo es necesario entregarse al lenguaje del cuerpo y luego nombrarlo. Es otra manera de buscar respuestas a ciertos laberintos que se llevan anclados muy dentro.

Esclavos del propio pensamiento

En general la gente reconoce como una creencia *loca* el hecho de escuchar voces. Sin embargo, todos las escuchamos cotidianamente porque nuestra mente no deja de hablar. Llevamos en nuestro interior procesos involuntarios de pensamiento que se nos hace difícil detener. Son como monólogos que, por momentos, se convierten en diálogos con consejos, supuestos, dichos de otros que intervienen en ese intercambio. Esta especie de acoso mental puede ser más o menos intenso. Por ejemplo, hay gente que vive con voces torturantes duplicadas, triplicadas o pensamientos negativos que los castigan.

Ser testigos silenciosos, contemplativos, sin asumir un lugar de juez o jueza, es una opción para comenzar a abordar este ronroneo constante que molesta. El hecho de ubicarnos como observadores nos cambia al lugar que nos permite ver e investigar aquello que rodea a los pensamientos que no es otra cosa que nuestro cuerpo. Cuando esto sucede estaremos iniciando el registro de nuestra presencia. Se trata de un instante que va más allá de la razón. Y, si vamos aumentando los intervalos, es posible que el pensamiento vaya perdiendo poder sobre nosotros. La energía comienza a distribuirse de otra manera, ya no está concentrada en la cabeza y, aunque por momentos nos esforzamos por estar calmados y nos repetimos sin cesar que *"todo está bien"* con cara de *"aquí no ha pasado nada"*, la voluntad hace fuerza. Seguimos luchando internamente con pensamientos que aun aparecen, la tracción continúa embistiendo y se traduce en tensiones alrededor de los músculos. Si se prolonga esta batalla entre la voluntad por detener la maquinaria mental y la fuerza de los pensamientos por permanecer activos replicándose, se *arman* las corazas. La calma está fuera de nuestro alcance, hay una insistencia que ha generado comportamiento maquinal, no podemos controlarlo y se vuelve una conducta compulsiva. Nos someten los pensamientos forzados por un motor que está fuera de toda posibilidad de detener. En algunos se vuelve como una adicción y es allí donde la maquinaria se expande por fuera del cuerpo y se convierte en verborragia. Suponemos que este mecanismo descarga a esa insoportable maquinaria, pero lamentablemente, constituye una falsa creencia porque nos genera todo lo contrario, nos vamos recargando de energía mental hasta que pesa demasiado y aparecen los síntomas: dolores de cabeza, cansancio excesivo, irritabilidad, etc.

El proceso se desarrolla primero con una sensación de falso placer. Pensamos y hablamos con la ilusión de que, de esa manera, nos liberamos y obtenemos placer a través de cierta descarga o *catarsis*. Sin embargo, si esto se convierte en un ronroneo, llega un momento en que el cuerpo se sobrecarga y, si no logramos darle fin a la verborragia, el silencio cada vez se hace más difícil de obtener hasta que quedamos exhaustos y las palabras terminan esclavizándonos. Las cadenas de la esclavitud hacia los testarudos pensamientos se rompen cuando no se toma tan en serio el contenido mental que nos domina.

Si estamos completamente presentes y en contacto con nuestro cuerpo, la energía mental se transforma, ya no nos esclaviza, porque las emociones y el cuerpo se interrelacionan de manera armónica con posibilidades de generar espacios. Esto implica una apertura hacia afuera, pero en interacción con el adentro de manera fluida, un proceso que enraíza, que genera una presencia poderosa.

Lo que se piensa se siente, lo que se siente se piensa

La mente y el cuerpo funcionan como dos entidades distintas y autónomas. Sin embargo, suelen interconectarse. Lo que ocurre es que, en oportunidades, la mente ejerce una función directiva sobre el cuerpo y, en este caso, puede definir de manera más o menos intensa nuestros estados de ánimo, sentimientos y hasta deseos. De acuerdo con este mecanismo, todo aquello que se piensa se siente y hasta puede leerse en la expresión del cuerpo. Nuestros pensamientos influyen en los estados emocionales y éstos influyen en nuestros pensamientos.

El razonamiento emocional es un proceso por el cual damos forma a una creencia sobre la base de ciertos sentimientos. Lo construimos, lo interpretamos. Sin embargo, nos preguntamos: *¿cuánto de autenticidad, de sinceridad hay en las emociones que se manifiestan a través de estos mecanismos?*

Según sostiene A. Beck, *"Si nuestro pensamiento queda empantanado por significados simbólicos distorsionados, razonamientos ilógicos e interpretaciones erróneas, nos volvemos, en verdad, ciegos y sordos"*.

Hay niveles y matices respecto del razonamiento emocional. Una palabra a tiempo puede ser un bálsamo, lo que resulta imprescindible es que al recibirla o al darla la hagamos propia, se nos vuelva carne. Por eso los pensamientos que elijamos tienen que ser creíbles para nosotros. La creencia es aquel mensaje claro, poderoso y firme que recibe nuestra mente y cuerpo. Es una convicción, una certeza. Una afirmación o representación con posibilidad de dirigir nuestro comportamiento. Las creencias pueden ser limitantes o liberadoras. Las primeras nos boicotean comportamientos deseados o paralizan iniciativas; y las segundas nos tranquilizan y tienen el poder de serenar el alma. Estas últimas son las que nos dan la oportunidad de avanzar hacia el autoconocimiento: solo se trata de darnos el espacio de adoptarlas de manera consciente para encaminarnos hacia el bienestar.

Cuerpo y mente son fenómenos idénticos si nos hallamos alineados a nuestro eje. En caso contrario corremos el riesgo de permanecer fragmentados, escindidos. Es decir, pensar y sentir contradictoriamente. Se trata de una segmentación que puede tener diversas fuentes: apegos, neurosis, sumisión, y que crea fricción entre pensar, sentir y actuar de manera que la conexión posible entre ellos cobra una distancia irresoluble. Por lo tanto, cuando se observa a alguien escindido vemos a un ser humano que parece varios, dentro de un solo cuerpo físico. Son aquellos que le dirigen sonrisas amplias a los demás y simultáneamente los desprecian, o que ponderan honestidad y en su haber guardan acciones de las más injustas. En este interjuego de contrariedades, el cuerpo se desorganiza. Funcionar cotidianamente escindido pone en riesgo la propia vitalidad. Aunque las facultades mentales se muestren convincentes, gobierna la desorientación ya que el individuo solo está en su mente, vive desenraizado.

Según relata Wilhelm Reich en su ensayo *Análisis del Carácter*, los fenómenos psíquicos y somáticos surgen de un mismo núcleo energético de orden biológico. Esta energía única toma dos direcciones: del centro del cuerpo a la periferia y de la periferia al centro. Son manifestaciones biológicas del organismo considerado como un todo. Estas dos direcciones palpitantes de la energía se relacionan, por un lado, con el placer, momento en que se produce la expansión de la energía y, por el otro, con la angustia, momento en que se advierte la represión, la contención, el bloqueo o la contracción de la energía que queda contenida en el centro. Estas energías se manifiestan en el organismo en distintos niveles: psíquico, instintivo, energético y fisiológico. Hay diversas formas de abordaje para poder avanzar hacia la integración de ambas energías o, en otras palabras, de la mente y el cuerpo, con el fin de encontrar el equilibrio entre el sentir y el pensar. Cuando solo predomina el pensar sobre el sentir se percibe mucho cansancio ya que la energía mental pesa sobre el cuerpo. En situaciones como esta, pueden emprenderse procesos terapéuticos tradicionales que abordan los conflictos mediante la palabra o terapias psicocorporales que tienen como punto de partida la lectura corporal y la expresión del cuerpo. El abordaje que se propone en este libro es el segundo, ya que los conflictos psicológicos son traumas fijados en el cuerpo durante la propia historia. Denominamos trauma psíquico o trauma psicológico tanto a un evento que amenaza profundamente nuestro bienestar como a la consecuencia de ese evento en nuestra estructura mental o vida emocional.

El abordaje psicocorporal explora las huellas corpóreas manifestadas en forma de tensiones, dolores físicos, emocionales, posturas desequilibrantes que, en algunos casos, han configurado corazas musculares. Invita a explorar viejas sensaciones navegando entre el presente y el pasado con la intención de ir desempolvando las alteraciones padecidas desde la aparición del trauma. El propósito es entender por qué reprimimos algunos sentimientos y el objetivo es orientar a las personas hacia el goce máximo de la autoexpresión mediante el ejercicio de la respiración, los movimientos espontáneos, la creatividad y la autoconfianza.

Cuando una persona que ya no puede más del cansancio, porque la energía mental domina sus actos y sus emociones están agazapadas en ese mecanismo, pide ayuda, quiere volver a reconectarse con su cuerpo. Si esto sucede, es posible que el trauma esté resonando. Sin embargo, en muchos casos, es necesario atravesar la acosadora maquinaria mental que cree defenderlo, para aislarlo de ese dolor profundo vivido alguna vez. Un cuerpo fragmentado se convierte en manos que andan sujetadas por tensiones que no logran caer por su propio peso, pies encogidos como raíces debilitadas sin lograr relajarse sobre la tierra. Cuerpos cuyas mentes cuidan las apariencias en las profundidades de su ser que permanece acurrucado y con miedo. Las personas con cuerpos fragmentados expresan no comprender lo que sienten y se muestran confundidas. Esta es la primera señal del desequilibrio entre mente y cuerpo. Todo se piensa, se trata de explicar, de comprender de manera analítica.

Sin embargo, existe un torrente de vida en nuestro interior que desea soltarse, pero está retenido bajo el control de la mente. Esta ola de energía quiere fluir, pero está estancada porque se han construido paredes de músculos anudados que aprietan las emociones enterradas. Cuando comienzan a encontrarse desde el sentir, el temor disminuye porque se suelta, y se experimenta la sensación de compuertas que se abren para hacer circular vibraciones y sensaciones. Se dejan correr las palabras, los gestos, los movimientos hasta que, poco a poco, todos los elementos de la persona comienzan a integrarse y a formar parte de una trama única.

El día que conocí a **EVA**, me sorprendió su mirada remota. Ella existía como un ser de otro mundo, como apartada, al margen. Ausente, solitaria, extraña, apuntaba los ojos hacia el vacío y se entregaba a vaya saber qué ensueños. Era como si su cabeza balbuceara todo el tiempo. Vivía como en un limbo impersonal, tan solo inhalando y exhalando. No había manera de que conectara con sus emociones profundas. El miedo al dolor la había hipnotizado.

Necesitaba desmembrar la compacta ensambladura montada durante años y detener la incesante maquinaria mental que fortalecía sus corazas con creciente habilidad. Su cuerpo era pura desidia. Cuando se miraba al espejo, tenía una actitud derrotista y, en ese instante, surgía el presentimiento de que las cosas nunca cambiarían. Su musculatura se entumecía cada vez más y su ánimo encapsulado no le permitía respirar. Ella era vulnerable a un descuido que iba instalándose día a día. No era capaz de advertir la causa o raíz del desamparo que perecía su cuerpo, pero sí era consciente del profundo malestar que ese abandono le ocasionaba. Estaba atrapada. Adoptaba una actitud taciturna encerrándose en sí misma. Ella padecía los efectos de una desidia que se iba profundizando, solo actuaba por inercia y sus conductas carecían de sentido común para discernir acerca de lo que la dañaba.

Lentamente fue identificando cada uno de los estímulos que recibía a diario. Nombró ciertas palabras, imágenes, voces, que soportaba en su cotidianeidad. Lo primero que observó fue qué tipos de programas televisivos elegía durante su descanso y notó que optaba por escenarios cargados de violencia, maltrato y agresiones. En esas horas su cuerpo se enojaba silenciosamente. Aquello que la atraía en la TV eran escenarios con gritos, insultos, actitudes humillantes, llantos desesperados que se repetían una y otra vez en los noticieros o ficciones. Cada escenario que elegía para contemplar formaba parte de un modo de expresión familiar.

Le solicité que grabara algunas de las imágenes que veía a diario. Después de analizarlas, tomó conciencia, por un lado, de la espontánea atracción hacia esos escenarios y, por el otro, de que esos modos de comunicación le resultaban muy familiares. Sin embargo, no logró advertir que, elegirlos, la dañaba. Para orientarnos hacia ese objetivo me propuse realizar un trabajo corporal cuya intencionalidad fue soltar la violencia interna. Golpeó sobre superficies blandas, gritó sin tapujos, soltó su garganta atragantada de tantas respuestas calladas y observó la diferencia: pudo explicarse por qué, frente al televisor, en lugar de relajarse, se entumecía.

La mente de Eva contenía imágenes de pura violencia. Antes de encontrarse con las marcas del dolor buceó en las matrices de su desvalorización, en las voces de su pasado que la subestimaban, que le quitaban toda posibilidad de quererse. Cargaba con una historia de manipulaciones, de agresión y violencia ante alguna expresión de libertad. Cada elección afectiva se transformaba en un vínculo violento.

Vivía los efectos de la violencia desde un cuerpo enmudecido.

En una oportunidad, mientras soltaba la ira acumulada durante su infancia, recuperó algunas escenas y reconoció a su cuerpo espantado. Percibió el veneno que sobresalía de las venas paternas, un veneno que, al trascender las fronteras de esa piel ajada, la atravesó toda. Pudo recordar las palabras cargadas de tanta violencia. Palabras mal escogidas que, al oírlas, se hicieron carne y penetraron en lo más profundo de su corazón. Juicios que se reiteraban día a día y que ni ella ni su madre podían detener. Era muy pequeña para hacerlo.

Eva era una niña, adolescente y adulta violentada, y no poseía herramientas para canalizar esa andanada mental que todo el tiempo intentaba protegerla de posibles amenazas. Quedaba atrapada en sus pensamientos, y adoptaba diariamente una actitud silenciosa, encerrándose en sí misma.

El cambio vino cuando advirtió que su cuerpo estaba cooptado por el miedo. Ante la evidencia de sus síntomas depresivos, su hija la estimuló a pedir ayuda. El discernimiento le permitió controlar la resonancia de esas voces e imágenes que la alienaban y consiguió expresar su insatisfacción y frustración en todos los terrenos de la vida.

Al principio, su actitud quejosa la empantanaba y andaba como encerrada en su propio laberinto. Después de mucho trabajo, Eva experimentó corporalmente la bronca acumulada, hizo contacto con la impotencia y buceó entre otras emociones escondidas en su musculatura hasta que salió la raíz de su sufrimiento. Movimiento, sonido y palabra.

Las escenas que la dañaron volvieron, afloró el miedo en forma de escalofríos. Sin embargo, su voz se hizo potente y logró decir todo lo que en la infancia no había podido expresar. Una a una las durezas que suponían protegerla se ablandaron, fueron quebrando las corazas. Sintió un dolor diferente, sanador, que liberó al músculo.

Lo que vino después fue la sensación interna de fluidez, la conexión con un cuerpo aliviado. Y lo mejor, las ganas de llenarlo con energía vital. Comprendió que esa tensión permanente podía atravesarse y desechó la idea de que tanta molestia e incomodidad durarían para siempre. Eva logró salir de su lugar de confort que era la racionalización de sus emociones. El miedo al dolor la había hipnotizado mientras que desafiarlo pudo vitalizarla. Al salir de su ensimismamiento, la mente dirigió su atención hacia el exterior y la experiencia tuvo un efecto que le llegó al cuerpo. En este sentido, la experiencia se convirtió en un fenómeno corporal consciente. Una conquista que marcaba diferencia con su estado anterior de adormecimiento corporal.

Las emociones son hechos corporales, son movimientos o alteraciones dentro del cuerpo que se hacen conscientes cuando hay algún estimulo que las reedita. Eva, al entregarse al dolor y, tolerándolo de manera activa y calma, liberó el sufrimiento latente. Y, aunque en un primer momento creía que nunca iban a acabar las voces del dolor, mermaron y devino la soltura. Luego comenzó el tiempo de la reparación. Todo un universo que pudo transitar. Solo fue necesario abrirse al dolor para poder evolucionar hacia un vivir más plácido y menos asfixiante.

Ella tuvo que reconstruir los límites corporales, es decir, remarcar sus fronteras expresando qué le dolía, qué necesitaba reparar. Tomó conciencia de aquello que la separaba de los otros, de su sí mismo corporal.

Los maltratos hacen perder la demarcación de nuestro cuerpo. Recién cuando pudo establecer la conexión entre lo que percibía, sentía y pensaba, y actuar en consecuencia, los límites quedaron mucho más establecidos.

Lograr que el cuerpo y la mente sean funcionalmente idénticos, es decir, que se reflejen mutuamente, es un gran desafío. Cada trastorno orgánico o de comportamiento nos afecta. Lo notamos, por ejemplo, cuando se combinan la angustia mental y la incomodidad física. La mente que piensa (el cerebro racional) y la mente que siente (el cerebro emocional) se entreveran recíprocamente. Sin embargo, en una sociedad que enaltece el pensamiento lógico como un instrumento de poder y establece el mandato de la razón como una capacidad sobrevalorada, se nos pide a gritos *"ponte a pensar"* en lugar de *"detente a sentir"*. Este escenario ha dado como resultado la existencia de individuos sin cuerpo o cuerpos alienados.

En nuestra mente existen miles de palabras, que silenciosamente van ocupando territorios en el resto del cuerpo. Lo plasman sin que las pronunciemos. Pero también viven, entre éstas, espacios que podemos animarnos a remover. Poseemos una inteligencia que no es solo racional, sino que es emocional.

Es aquella que nos invita a tomar conciencia de lo que sentimos, y está entremezclada con muchas oraciones, frases, dichos y pensamientos.

Según Charles Darwin, los movimientos expresivos de la cara y del cuerpo constituyen el primer medio de comunicación entre madre e hijo. Esta expresión da vivacidad y energía a nuestras palabras. Revela el pensamiento y las intenciones de los demás con mayor intensidad que las palabras, que pueden ser falsas. La libre expresión de la emoción por medio de los signos externos le da mayor intensidad. Por otra parte, la represión de estos signos externos suaviza nuestras emociones. Quien hace ademanes violentos, aumenta su furor, quien no controla los signos de temor, lo experimenta en mayor grado, y, quien permanece pasivo cuando se ve abrumado por el dolor, pierde la mejor oportunidad de recobrar la elasticidad mental.

Las emociones son guías sabias de nuestra evolución y la arquitectura básica de la vida mental, un cimiento que podríamos graficarlo como una especie de plantilla o marco para equilibrarlas saludablemente.

Todo lo que ocurre en el ámbito psíquico y emocional tiene una manifestación a nivel físico y todo lo que ocurre a nivel físico la tiene en nuestros pensamientos y emociones. Por esto, *lo que se piensa se siente, lo que se siente se piensa*, el dilema de nuestro crecimiento es buscar la fórmula para que ambos procesos nos conduzcan al equilibrio y esa manera nos permita tener acceso al bienestar.

Cuando la relación entre el pensar y el sentir no implica una lucha de imposiciones, llega el alivio.

Cuerpos singulares y cuerpos sociales

Cuando estás sentado en un círculo, a la misma altura que tus pares, tu autoridad no vendrá de una jerarquía preestablecida, sino que dependerá del eco de tus palabras sobre el corazón de los integrantes. Esa resonancia es lo que te dará o no autoridad. En ocasiones, la vida social no se organiza como un círculo, sino como una gran pirámide al servicio del vértice superior. Afortunadamente, en algunos ámbitos, la cultura está adoptando una mirada circular de la vida como lo hicieron y hacen los pueblos nativos. Nuestro bienestar en la existencia depende del bienestar del resto de los integrantes del círculo de la vida. Todos estamos a la misma distancia del centro. La energía fluye por toda la ronda. El círculo nos reconoce y construimos nuestra verdad dentro de él. Salimos y volvemos a entrar recorriendo rutas diversas para llegar al centro. Todas igualmente valiosas.

Las diversas filosofías que *organizan* nuestra convivencia social representan una influencia importante en el desarrollo de nuestra singularidad. Estas miradas del mundo nos llevan a concebir diversas concepciones de bienestar. Acopian elementos del acervo familiar que nos antecede y la herencia histórico-social de nuestra cultura.

Nuestro entorno primario (la familia) y secundario (la cultura que rodea al primario) representa el primer contexto donde nos sumamos apenas nacemos. Ese entorno utiliza instrumentos para guiar nuestro desarrollo mientras nosotros recibimos con una particular predisposición modos de vivir en sociedad que incluye reglas, creencias, leyes y maneras de ser. En este intercambio se entrecruza aquello que traemos (ancestral, particular, fisiológico) y lo que nos es dado (las costumbres, tradiciones, el lenguaje, la cultura en general).

En cada uno de nosotros existe la capacidad de discernir para centrarnos en aquello que deseamos hacer y ser. Podemos utilizar nuestra atención para elegir lo que nos interesa. Sin embargo, todo cambia cuando, en nuestra niñez o adolescencia, intervienen los adultos. Ellos captan nuestra atención; la cuestión reside en el modo en que nos permiten o no avanzar hacia aquello que priorizamos. Pueden aceptar nuestras elecciones o intentar modificarlas ofreciéndonos su modo de ser y concebir la vida. Así es como aprendemos todo lo que sabemos. Asimilamos cómo comportarnos en sociedad a partir de ese tironeo, lo que *desean* los tutores y nuestros deseos. Aprehendemos acerca de qué creer y qué no creer; qué es aceptable y qué no lo es; qué es bueno y qué es malo; qué es bello y qué es feo; qué es correcto y qué es incorrecto.

Comprender que contamos con saberes propios, que existe un universo ante nosotros con conocimientos, conceptos y reglas personales sobre la manera de comportarnos en el mundo, es un acervo al cual accedemos a partir de nuestra adolescencia. Algunos tienen más o menos oportunidades de elegirlas para actuarlas y usarlas como basamento de sus creencias, y otros no. Algunos creen ciegamente todo lo que dicen los otros como representantes del *bien*, y otros poseen más capacidad de discernimiento. Miguel Ruiz llamó a este proceso *"la domesticación de los seres humanos"*. Él dice que a través de la domesticación aprendemos a vivir y a soñar. En la domesticación humana, la información del sueño externo se transfiere al sueño interno y crea todo nuestro sistema de creencias. Se nos enseña cómo hemos de vivir y qué tipo de comportamiento es aceptable. El sueño externo nos enseña a juzgar. Cuando no acatamos las reglas, nos castigan, cuando las cumplimos, nos premian. Pronto empezamos a tener miedo de ser castigados y también de no recibir la recompensa, es decir, la atención de nuestros padres o de otras personas como hermanos, profesores y amigos. Con el tiempo, desarrollamos la necesidad de captar la atención de los demás para conseguir nuestra recompensa. En el proceso de domesticación, condicionamos nuestras tendencias naturales por temor a perder el amor de nuestros padres o a no ser integrados a la sociedad.

Según la perspectiva psicocorporal, logramos tomar conciencia del modo que nos han *domesticado* cuando nos contactamos con el cuerpo e intentamos recobrar la potencia perdida por tanto control. En ese trayecto, comienza a aparecer la posibilidad de maniobrar nuestros deseos. Y ese peso instalado en algún lugar de nuestros cuerpos, cuerpos individuales, cuerpos sociales, se templa para poder entregarnos a lo que nuestra opinión dicta y así no dejarnos gobernar. Esta fe en nosotros renace, callamos aquellas voces cooptadas por promesas e ilusiones, y la opinión propia cobra poder. Nos damos la posibilidad de sentir, pensar y pertenecer a otro universo de ideas. Tenemos la oportunidad de elegir.

Sin embargo, las viejas heridas están ahí, y pueden abrirse con algún estímulo cotidiano, sobre todo si nace de algún familiar muy cercano.

Recuerdo cuando **VIOLETA**, una adolescente de 16 años, me contó algunos sucesos de su infancia: "*Cada vez que yo debía elegir alguien para jugar, una fuerza me atraía hacia Sandra. Ella era dueña de un lugar muy poderoso, quizá por su inteligencia en el modo de manipular a las demás, quizá por su belleza física y costoso vestuario. En cambio, si no me acercaba, debía enfrentar la sentencia reprobatoria del grupo. En tal caso me sentía de lo más disminuida. Había momentos hermosos, sucedían cuando la euforia dominaba y no parábamos de saltar a la soga en el recreo. Parecía que el mundo se desplegaba y volábamos alto. A Sandra se le despeinaba el flequillo, se elevaba* y su voz de contralto vibraba en el aire. Pero mi risa bajaba de golpe cuando ella interrumpía el juego para dar alguna orden. Su voz retumbaba en mis oídos y advertía como una pisada fuerte que quería aplastarme.

"Durante mi infancia y principios de la adolescencia esa sensación de sentirme reducida a nada se reproducía en unas cuantas circunstancias, no solo ante Sandra y sus secuaces, sino también ante mis hermanos. Lo peor era cuando los tres pasábamos caminando frente a los negocios de ropa y apretaba mi nariz regordeta contra el vidrio regodeándome con la figura de los maniquíes. En ese momento, Milton y Teo, presionaban el dedo índice sobre mi espalda y me decían: 'Nunca serás como ellas, nunca tendrás esa espalda dura y derecha porque tus tamañas tetas no te lo permitirán'. No podía revelarme, solo seguía mirando y comprimía mis puños con tal fuerza que a veces me lastimaba la palma de las manos con las uñas. Miraba a los maniquíes y pensaba: 'Las gordas no podemos encontrarnos en los anuncios de ropa, de perfumes, sino en escenas que nos ridiculizan. Nos miran como enfermas'".

Violeta me expresó algunas de las resonancias de sus dolores primarios. Esos eran la fuente de su baja autoestima, miedos y tensiones. Fue necesario enterrarse en cada una de sus resonancias para acompañarla en la búsqueda de su propia naturaleza, despejada de *manipulaciones* y *sombras*. Esas manipulaciones o frases tan adentradas en el cuerpo, confunden, entrampan y el objetivo es identificar nuestra voz, en general, callada por miedos durante muchos años.

Durante su tratamiento, Violeta pudo reconocer el miedo a volver a entramparse, y eso le permitió no dejarse llevar o someterse a los demás. Esa entrega sumisa era dolorosa porque traicionaba su esencia. Con un trabajo sostenido descubrió que los juicios recibidos ya no eran ciertos en su interior y desenmascaró la forma de cómo funcionan ciertas manipulaciones. Llevó tiempo tomar conciencia y actuar para vaciarse de creencias, amenazas, ilusiones, pero, sin embargo, corrió velos y actuó para cortar la cadena de la sumisión, algo que creía inexorable.

Cuerpos singulares y *cuerpos sociales*. No existe una corporeidad que no esté matizada por la impronta de estímulos sociales, culturales, históricos; entramada por el empuje sutil, penetrante o indócil de lo esencial, lo propio, lo personal en nuestro cuerpo. La corporeidad es la percepción individual del cuerpo como canal que nos permite establecer vínculos emocionales cuando nos comunicamos con el otro. Es un modo de concebirlo como una totalidad que se constituye a partir de elementos de diversa índole: físico, emocional, mental y social.

Merleau-Ponty es uno de los primeros autores que hablan de la corporeidad como fenómeno que involucra dimensiones emocionales, sociales y simbólicas. La corporeidad es para él, fruto de la experiencia propia y se construye mediante la apertura sensible del cuerpo al mundo y a los otros. Lo sitúa analíticamente en el centro de la capacidad de percepción, en aquellas circunstancias donde el mundo nos llega a través de la conciencia perceptiva. Hace hincapié en el hecho de que la mente está en el cuerpo y conoce su entorno a través de lo que denomina el *"esquema postural o corpóreo"*: captamos el espacio externo, las relaciones entre los objetos, mediante nuestro lugar en el mundo y nuestro paso por él. La idea de corporeidad nos conduce a una visión del cuerpo desde una complejidad que involucra a todos estos cuerpos: cuerpo físico, cuerpo emocional, cuerpo mental, cuerpo trascendente, cuerpo cultural y cuerpo inconsciente; estos cuerpos nos hacen humanos y nos diferencian de las otras criaturas vivientes.

Merleau-Ponty analiza la idea de *cuerpo vivido*, como parte de un pensamiento que interpela las formas mecánicas de entender la sensación o la percepción en términos de acción-reacción, suponiendo la mirada de sujetos pasivos. Su enfoque da valor a las vivencias y experiencias como algo corporizado que genera impronta a futuro.

La autoexpresión y la espontaneidad son dos conceptos que podríamos hermanar con esta noción de corporeidad. Porque los tres consiguen desplegarse si logramos generar un trecho óptimo entre nosotros, nuestra percepción y los estímulos del medio. En ese espacio que nos brinda la distancia, podremos visualizar fuerzas nocivas o energías que nos vitalizan y, de acuerdo con las señales que nos llegan al cuerpo, dar lugar a la expresión de nuestro sí mismo.

Una realidad que ilustra la fina frontera que divide al cuerpo singular del social es la irrupción de las relaciones virtuales a través de las redes sociales. Éstas generan una percepción de los cuerpos que permanece permeable a estímulos muy potentes. Leamos la siguiente historia. **RENATA**, aturdida por imágenes que todo el tiempo le daban órdenes de expresar felicidad, no lograba encontrar instantáneas que la demostraran. Necesitaba un cambio, pero cuando entraba a las redes sociales, cada uno de los posteos y fotos que aparecían, le dictaban lo que debía ser y hacer de una manera tan atractiva que se encontraba amenazada por algo que no podía descifrar. A medida que sumaba amigos, las imágenes le iban robando una parte de sí misma. Percibía que sus pensamientos cargaban con imposiciones, una tras otra y advertía mucho aturdimiento. Su mente estaba desbordada de estímulos. Intentaba increpar, descifrar, decodificar cada una de las frases que la forzaban a actuar en contra de su voluntad. Las repetía en voz alta. Simultáneamente, esas palabras resonaban muy dentro pero no lograba hacerlas carne.

El contacto con la red se había convertido en una obsesión, actuaba casi como un narcótico, y esas voces, a medida que se repetían, iban aumentando la fuente que nutría *"el cuerpo del dolor"*, como lo llama Eckhart Tolle en su libro *El poder del ahora*. El cuerpo del dolor es todo aquel mecanismo de defensa surgido ante la posibilidad de una inminente lastimadura emocional. Un estado cuyo proceso se inicia en la infancia y se va fortaleciendo con resonancias vinculares en los años posteriores. Aparece sorpresivamente cuando algún estímulo roza heridas profundas. Entonces, para poder identificarlo, es necesario situarse como testigo u observador y hacerlo consciente.

En el caso de Renata el acoso de tanta información que la cercaba día a día rebalsó su capacidad de imperturbabilidad, y tantas imágenes discrepantes llamaron al cuerpo del dolor. Al *verlo* los pensamientos y sentimientos relativos a su propia vida se volvieron profundamente negativos y autodestructivos. Porque contrastaban con esas imágenes que eran puro *acting*.

Algunos cuerpos del dolor llevan a sus anfitriones al suicidio. Hay pruebas de ello en las redes. Lo que sucede es que, cuando una o uno cree en esos mensajes y, de repente, se topa con otra realidad, deviene el abismo.

Ante tal descubrimiento, se hace evidente que aquellas informaciones tan ciertas a simple vista, eran pura ilusión. La lógica de las redes sociales es un modo de mostrar de qué manera, algunos criterios, modelos culturales, ideologías predominantes, influyen en los cuerpos.

A Renata esos mensajes la habían sometido a la ilusión de familias perfectas, parejas apasionadas, cuerpos ideales. Y, desde una mirada más profunda, la esclavizaron. La llevaron a someter su interés personal a la dictadura de un espejo que la deformaba. Ella fue prisionera de lo que debía mostrar y estuvo atrapada por mensajes clasificatorios.

Lo cierto es que la hegemonía cultural y económica anda buscando ejércitos de seres iguales a quienes sujetar desde la colonización de sus cabezas para enseñarles cómo lucir, con qué nutrirse, de qué manera expresarse. Cada *perfil* encarna la silueta de un personaje de ficción, una desconocida o desconocido para sí mismo. El propio amor de ella o él está ausente porque es dependiente del reconocimiento externo. Pero el espectáculo puede jugar una mala pasada porque el reflector tal vez nos apunta y creemos, con eso, encontrar la felicidad. Pero luego ocurre que apunta a otros cuerpos, a aquellos que se ajustan cada vez más a las exigencias del mercado, de la moda, de las imposiciones coyunturales y, es allí, cuando la verdad emerge y se ata a nuestros brazos y piernas. Sobreviene el desgarro de la imagen.

Renata advirtió que había vivido atrapada por la necesidad de alimentar su ego, uno que hacía subir el éxito a su cabeza más allá de su capacidad para gozarlo. Un cuerpo que no se alimentaba con placer corporal porque estaba invadido por imágenes inaccesibles, y eso la condujo a perder la posibilidad de llegar al autoconocimiento.

Estuvo más atenta a la apariencia que a la autenticidad, y se perdió de poder elegir qué imagen o palabras mostrar escuchando la voz de su corazón. El objetivo fue expresarse más que buscar halagos. Este nuevo encuentro con las redes sociales fue un primer paso. Al experimentarlo, su cuerpo se irguió, su presencia se hizo más potente. Ya no padeció esas voces que le daban órdenes, y logró encontrar determinaciones propias. El corazón le dictó lo que debía ser y hacer y no se sintió amenazada por algo que no podía descifrar. Ahora, a medida que iba descubriendo sus deseos, despejó con soltura la carga heredada y tuvo la posibilidad de renovar sus vínculos virtuales liberando las sombras detestables de dolores antiguos.

Trascender la lucha por el éxito

Podríamos decir que estamos viviendo en una sociedad donde muchos de sus habitantes exhiben cierto grado de comportamiento autodestructivo. Algunos están ausentes, como hipnotizados, sin prestar atención a lo que les sucede; otros andan como embotados, fugitivos de su propia esencia. En lugar de ir en busca del placer, de estar plenamente vivos o vivas, insisten con la idea de alcanzar cada vez más poder y lograr el *éxito*, destacarse y *maquinar* constantemente el modo de *triunfar* para *ganarse un nombre* hasta convertir tal camino en el pulso dominante. Esta búsqueda, es tentadora, porque, cuando se encuentra, conquista la tan ansiada *gloria*. Al principio es fascinante, *admirable*, excitante, pero con el tiempo se advierte como un efecto narcótico que no puede detenerse. Repercute tan potentemente que se transforma en una influencia destructiva de la personalidad.

Actuar solo por el reconocimiento externo tiene altos *costos*. Y este aspecto es un fenómeno muy presente en la configuración de los perfiles personales que se exponen en las redes sociales. Nos estamos refiriendo a las paradojas entre la construcción de imágenes personales con la realidad profunda del ser.

Las imágenes, tal como muchos las construyen, se exhiben a los demás como la personificación del éxito. Estas representaciones constituyen una muestra de la suerte, fortuna o despreocupación que se equiparan con la sensación de felicidad. Se mide por la cantidad de logros y resultados obtenidos, sin importar, a veces, las cualidades o virtudes personales de quien o quienes los consiguen y, cuanto más alcance masivo tenga el impacto de sus imágenes o palabras, más felicidad y respeto obtendrá la persona en cuestión. Pensada de esta manera, la imagen del éxito apunta al pensamiento de las personas y dirige sus energías hacia ese propósito. Es muy potente. Por lo tanto, es utilizada como un mecanismo de control. Existen herramientas efectivas para ello como la publicidad y los medios masivos de comunicación. Dan forma a los valores sociales y éstos atraviesan los cuerpos. El éxito es como un foco que ilumina a uno o una, entre muchos. Si tuvo la *dicha* de que lo refracte, esta persona se encontrará en el camino del *éxito*. Su misión será continuar distinguiéndose de los demás, mientras éstos quedarán en la sombra.

Podemos inferir, entonces, que el éxito es producto de un sistema que manipula cuyos hilos conductores se tejen en función de una búsqueda de poder completamente atravesado por la voz del ego.

Los patrones básicos del ego están diseñados para combatir el propio miedo. Nos defienden, por eso su alimento principal son los pensamientos. Se vinculan con la resistencia a las emociones profundas y a la libre expresión. Quienes están dominados por una imagen cooptada por el ego se llaman **egotistas** y confunden el ego con el sí mismo corporal manifestado por la autoexpresión, es decir, por la expansión de la existencia individual, el autoconocimiento, la percepción personal para tomar conciencia de nuestros deseos, y así conseguir alimentarnos con placer corporal, viviendo desde dentro y no hacia afuera.

Singularidad y uniformidad

La materialidad de nuestros cuerpos, eso que somos, está atravesada por el peso de la cultura, las religiones y el mercado que nos encorseta con la uniformidad de sus modelos. El cuerpo de la publicidad, ese que sólo sirve para vender productos, es un cuerpo que se muestra alejado de la corporeidad. El desfile de dientes de marfil, siluetas perfectas, pieles exfoliadas, brindan testimonio de biografías diseñadas con riguroso detalle para tentar a los ávidos consumidores de patrones estratégicamente pensados. Todos y todas aquellas que esperan ser nutridos por ilusiones, terminan conformando conjuntos de cuerpos vacíos de singularidad, que han perdido la opción de elegir. Sin embargo, existen intersticios si nos disponemos a tomar conciencia de esos hilos invisibles que manipulan preferencias, porque cada uno de nosotros retiene alguna porción de su individualidad que el sistema no ha acaparado.

El cuerpo pregonado por la vía mediática a través de la publicidad, las propuestas televisivas, virales y el comercio, además de inventar necesidades y modelos, es un canal de frustraciones y odios. Nada peor que recibir lo inalcanzable. Ese cuerpo ideal genera oscuras e imposibles ambiciones de semejanza, hecho que desilusiona y produce desprecio por el sí mismo. La sociedad de consumo, de la cultura del hedonismo, es tolerante y solidaria únicamente en apariencia; lo que engendra, en un contexto de carencias, es ansiedad e incertidumbre. Esto se convierte en causa de dolores. Los ídolos son también objetos desechables, como cualquier otro objeto de consumo creado para su propia destrucción.

Pero no todo está perdido. Somos capaces de distinguir lo que tiene significación personal si recuperamos el sentido de nosotros mismos, es decir, aquellas cualidades que hacen a nuestra personalidad, a nuestra identidad. Para esto es imprescindible estar en contacto con el propio cuerpo, no con la imagen de sí o la que se nos demanda ser. Sentir la individualidad y conocer las cualidades del proceso identitario vivido, implica lograr estar en contacto con nuestros sentimientos en todo momento. Saber lo que se quiere y lo que no se quiere, tener opinión personal, animarse a criticar aquello con lo cual no se está de acuerdo, saber reclamar lo que corresponde sin temores. Quienes logran tener contacto con su singularidad permanecen por fuera de esa especie de magnetismo que generan las modas que no permiten el libre albedrío en las elecciones.

Leamos el relato de **ABRIL**: *"Durante mi infancia y principios de la adolescencia vivía con la sensación de sentirme reducida a la nada. Lo peor era cuando entraba a los locales de ropa y apretaba mis pechos sobre esas remeras extra large diminutas. En ese momento, una voz interna me decía: 'Nunca serás como ellas, nunca tendrás esa espalda dura y derecha porque tus tamañas tetas no te lo permitirán'. El día que conocí la danza experimenté otro cuerpo. Bailar hacía que mi cuerpo se elevara. Y, en ese instante, lo sentía diáfano, liviano y luminoso. Algo en mi interior huía, se alejaba como una mariposa blanca de aquella coraza que me encerraba y me mantenía como atrapada cuando observaba a las modelos. Mi cuerpo se aflojaba, los brazos y las piernas eran como una corriente que se desbordaban en una profunda marea abriendo lo cerrado, desanudando lo amarrado, haciéndome fluir sin limitaciones. Gracias a la danza comencé a vestir una belleza diferente, la propia. Ya no me importaban las carnes que sobraban y comencé a caminar con una sonrisa satisfecha y cándida. Solo me movía y disfrutaba".*

El aflore de las singularidades personales abren el abanico de las diferencias, lo que distingue un ser de otro, lo que los hace únicos o únicas y los lleva a constituirse como seres personales en busca de su propia belleza.

Ahora, la voz de **CAMILA**, quien expresó el nacimiento de un aspecto de su singularidad de esta manera: *"Cuando interpreté el mundo con las sensaciones, supe que esculpir era una manera de conectarme con mi naturaleza. Quien me llevó a sentirlo estaba teñida de pura esencia y eso era lo que enseñaba. Su espontaneidad resultaba tan seductora como elocuente, tan al margen de papeles* ensayados, sin adornos, como actitudes sin maquillaje. Me hacía ejercitar la capacidad autoperceptiva y generaba escenarios que permitían dejarme llevar por la caótica asonada de los sentidos. A veces me exigía una excesiva zambullida por las profundidades de mi memoria a través de preguntas que no tenían respuestas, entonces se quedaba junto a mí observándome hasta que alguna idea aparecía. Luego, me dejaba a solas en el umbral de alguna textura hasta que quedaba el formato de la pieza casi armada. Ella me enseñó a hablar sin pensar demasiado qué decir, como si nadie hubiera construido ni pronunciado nunca esa frase. A vivir el espacio del ahora, un ahora tan potente que no dejaba sitio para pensar en el después. Un ahora que siempre estaba empezando. Todo lo hacía fácil. Allí fluía el aire con una saludable facilidad, como la apacible brisa que desde entonces comenzó a correr por mis venas".

García Wehbi y Lezano sostienen que *"Bello es el choque del cuerpo contra las reglas del mundo"*, intentando liberar su mapa del cuerpo, sus formas de uso, su definición de belleza, su fuerza creativa para impedir imposiciones, reglamentos o condicionen su originalidad. La fiesta de cuerpos libres requiere revisar todo aquello tachado, censurado, reprimido, olvidado, castigado y humillado.

Una descripción a tono con la idea de singularidad es la que realiza también Sandor Marai sobre una de sus protagonistas en la novela *El último encuentro*: *"Krisztina era tan indefinible, tan inclasificable como si ninguna raza ni ninguna clase la pudiera contener del todo, como si la naturaleza, por primera vez, hubiese tratado de crear algo único, un ser independiente y libre. Era salvaje por dentro, indomable. Su afán de libertad e independencia era el verdadero contenido de su ser y de carácter. Era consciente de la responsabilidad que conllevaban sus valores. Era directa, espontánea y ecuánime como si sintiera constantemente que la vida es un regalo lleno de gracia".*

Esta descripción poética de las cualidades singulares de una persona abarca términos elocuentes a la hora de distinguir lo singular de lo uniformado, por ejemplo: la naturaleza de las personas vinculada a sus rasgos salvajes, indomables, su expresión directa, espontánea y ecuánime. Todo esto las hace únicas y alimenta sus ansias de ser independientes y libres. La representación de esta mujer nos hace imaginar un cuerpo resplandeciente, iluminado, que en cada uno de sus actos busca el placer desde el contacto con su interior y eso la hace bella y lo irradia. De modo que al contactarnos sentimos placer en compañía de ella o él porque se sienten bien consigo mismos.

El placer es la fuerza creativa de la vida y, quienes deciden andar por ella con decisiones que los hacen únicos, van al encuentro del placer y la creatividad como motor de ese tránsito. Esto implica respuestas nuevas e imaginativas a las numerosas situaciones que afrontan cotidianamente.

Ya hemos visto de qué manera las personas tienden a adoptar todas las ideas estandarizadas, suponiendo que la validez de una idea, moda o comida se mide por la popularidad, la masividad, hecho que se opone a la noción de creatividad. La persona creativa tiene una visión fértil del mundo, enfoca la vida con la curiosidad y el asombro de un niño que lleva esa frescura en las elecciones. Por eso utiliza la imaginación para tomar postura o elegir, que no es actuar bajo ilusiones, sino que aprecia lo que se presenta aceptando la realidad, comprendiéndola a fin de enriquecer su experiencia en ese contexto.

Según Arthur Koestler, *el acto creativo es un acto de liberación, el triunfo de la originalidad sobre el hábito*. Y se aplica a todas las formas de expresión de la vida. La singularidad o uniformidad en los modos de ser, revela si estamos eligiendo o no esta forma de expresarnos. La desnudez, la trasparencia de nuestro cuerpo, puede ser evidente o difícil de traslucirse. Por lo general, solemos contemplar el propio cuerpo en el reflejo de la mirada del otro o de la propia imagen en el espejo. Estamos atravesados por el peso de la cultura, de las religiones que llevan milenios escribiéndolo y del mercado que lo encorseta con la rigidez y la uniformidad de sus modelos. ¿Puede verse la *desnudez* de un cuerpo por fuera de una cultura o por fuera de la influencia política sobre nuestras costumbres? ¿Existen cuerpos humanos que saben vivir fuera del alcance de la uniformidad del mercado, cuerpos singulares, cuerpos presentes?

Escribe García Wehbi: *"El cuerpo de los carteles publicitarios es uno vacío y ausente, que sólo sirve para vender laxantes, zapatillas de marca o cervezas; es un cuerpo que busca huir de su propia corporeidad. Sus treinta y dos piezas dentales en perfecto estado de blancura, sus senos simétricos, sus axilas y pubis lampiños o su piel exfoliada son los testimonios que marcan el camino hacia la desaparición. Es la infección de la vida. Y, por tanto, está inoculado también por el principio de muerte. En el mismo momento que nace, comienza a morir. Y su devenir en polvo está atravesado por el azar, la casualidad, la fatalidad (…) El cuerpo es vulnerable. Un cuchillo lo hiere, una palabra lo lastima. Tiene sus propias razones, ajenas al mundo, pero formando parte de él. Entonces sus razones son su política, que se manifiesta a través de su singularidad, su diferencia. Podríamos también llamar a esa diferencia con otro nombre: cicatriz".*

Cada uno de nuestros cuerpos llevan su biografía inscripta, son cuerpos que se distinguen por sus propias *marcas*. El cultivo de la singularidad y la diferencia contribuyen a mostrar la savia de nuestra belleza y esto les da particularidad a los cuerpos. Las influencias que uniforman intentan imponer sus instrucciones en cuanto a su uso y forma. El mercado y la cultura a veces ejercen su fuerza coercitiva para condicionar las libertades de ser uno mismo, hasta, a veces, reglamentar la forma de gozar de los cuerpos.

Recuerdo la situación de **ALINA**. Ella era una mujer de 25 años, de contextura muy delgada, gestos tímidos y refinados. La voz era suave y cada vez que concluía una frase bajaba aún más el tono. Su piel lucía tersa y muy blanca, su cabello sedoso de un rubio lacio y siempre perfumado. Tenía el pecho plano y daba abrazos largos cada que vez que me saludaba. Su apariencia era angelical. La primera lectura corporal me comunicó que ese era un cuerpo enmascarado. Tenía aspecto cándido y parecía ocultar algo. Constaté esta presunción cuando, en cada sesión, repetía *"todo está bien"*. Ella había aprendido correctamente a actuar bajo la máscara de *la buena* y, sin objetar, dejaba pasar de largo conductas abusivas hacia su persona. Vivía haciendo mucho esfuerzo para mostrar una actitud calma, un aspecto delicado machacándose internamente *"todo está bien"* con cara de *"aquí no pasa nada"*. Caminaba pesadamente, sosteniendo un andar cansado, mientras su cuerpo fabricaba nuevas fuerzas para continuar soportando el *"todo está bien"*. Alina liberaba la indignación que le producían ciertas presencias a través de su estómago que se retorcía de dolor. Su bondad era pura apariencia.

Después de un sostenido trabajo corporal terapéutico, necesitó explicarse por qué cada vez que se encontraba con un cuerpo excesivamente enojado, cargado de energía inquietada, perdía el sentido de su presencia. Ese aire denso que le llegaba enredaba su estómago y se desmoronaba de tanto dolor. Atrapada por una energía que le ahogaba la respiración, quedaba como embotada. La impotencia ante la imposibilidad de no responder ni detener a esa persona que le gritaba, contenía ansiedad y taquicardia. En ese momento la alienación se apoderaba de ella y no era consciente de aquello que se actualizaba. Todo ocurría a una velocidad increíble y su energía vital era devorada en pocos minutos. Aprendió a tomar distancia de la situación para poder *verse*. Después intentó no mezclarse con esa energía densa que empañaba su capacidad de discernimiento. Se centró en el propio cuerpo, no en el del otro. Luego experimentó escuchar aquello que llegaba a sus oídos con un sentido muy diferente del que le había enseñado su historia.

A partir de esta nueva manera de encarar relaciones dañinas, tomó conciencia de cuánta energía había utilizado para agradar. Con este descubrimiento, emergió aquello que andaba escondido detrás de sonrisas disfrazadas y el angelical rostro transformó los rasgos celestiales en genuinos gestos encolerizados. Brotaron espontáneamente palabras dirigidas a todos aquellos que, anteriormente, se proponía cautivar. Eso fue asombroso. Este ejercicio de ubicarse como testigo de ciertas situaciones para poder delinearse y no ser permeable a determinados contextos que avasallan y bloquean nuestra singularidad, ayudó a Alina a indagar dentro de sí qué aspectos de su personalidad eran impuestos y cuáles tenía recelo de mostrar por el temor a no ser aprobada por sus padres.

Aprender a percibirse y a cuidarse dentro de contextos hostiles merece una tarea sostenida de registro corporal. Para ello es necesario realizar un profundo trabajo de autoconocimiento para lograr diferenciarse. Este proceso nos exhorta a ser conscientes de que podemos elegir y nos enseña a no estar dominados por las confusiones generadas por expectativas externas sobre nuestros cuerpos.

Es una sensación preciosa ser libre y andar por la vida sin la impresión de que otras personas, o las circunstancias, nos controlan. Si somos permeables al control, sin conciencia de ello porque nos dejamos llevar de un lado a otro sin discernimiento, hemos perdido el contacto con nuestra raíz, que es la base de nuestro ser.

Siempre tenemos la posibilidad de elegir, de manera que nadie debe ocupar ese lugar por nosotros.

Escucha tu cuerpo

Siéntate en un sitio cómodo.
Cierra los ojos.
Imagínate alguna o algunas personas elegidas por ti
y diles, sin titubear, qué es lo que en verdad
deseabas o deseas.
Observa ese escenario.
Míralos a los ojos
y vuelve a repetir internamente tus deseos.
Quédate en silencio un minuto contemplándote
dentro de ese escenario.

CAPÍTULO 2

RECONECTARNOS CON NUESTRO CUERPO

La vida de nuestro cuerpo

DORA llevaba dentro la intención ineludible de dominar en cualquier escenario; su aspiración habitual era competir por ser idolatrada. Cada vez que arribaba a algún sitio, todos los ojos confluían en ella y la imponencia de su presencia amedrentaba. Hacía resaltar su paso buscando trepar los escalones del *éxito* sin advertir a veces que, durante el trayecto, había seres sensibles que la padecían. Perseguía, a toda costa, la admiración externa, y buscaba someter. Su presencia generaba embeleso y se rodeaba de quienes no paraban de alardearla. Sin embargo, ella encarnaba el perfil de un personaje de ficción, una desconocida para sí misma. Su propio amor estaba ausente porque dependía de la opinión ajena y del reconocimiento externo. Después de sus 60, sucedió que el reflector laboral apuntó a otra persona y la verdad se ató a sus brazos y piernas. Sintió el desgarro de su imagen y el desmembramiento de su sí mismo. Dispuesta a recomponerse, se detuvo y un órgano dolido, se enfermó.

Al contactarse con su cuerpo de manera profunda, experimentó un cambio radical de valores. Tomó conciencia de que vivía dependiendo de una imagen *exitosa* y por fuera de su cuerpo. Ella se veía sometida por creencias que la alienaban de su ser auténtico. Una filosofía que, día a día, era alimentada más por el parecer que por el ser. El propio cuerpo se le manifestaba como ajeno y albergaba mensajes que fortalecían su vanidad. Medía el crecimiento en función de los reconocimientos externos que nunca le satisfacían porque, internamente, siempre había una voz que le decía *"puedes hacerlo mejor"*. Ningún reconocimiento externo le alcanzaba para llenar el vacío interior. Ella no conocía la posibilidad de nutrirse con placer corporal, una sensación que conduce a contactarse consigo, por eso desarrollaba un hambre insaciable por el reconocimiento del otro. De esa manera perdía la exploración personal, la búsqueda del gozo, de la sensibilidad perceptiva. Andaba alienada de su sí mismo corporal y lo que hacía y se decía no salía de sus *entrañas*.

A través del dolor físico y emocional tomó conciencia de su alienación. Aunque la voz del cuerpo fue categórica, y hasta cruel, este mecanismo logró despertar su amor por sí misma. Se hizo presente y no tuvo forma de detenerlo. Al abrazarse internamente con ternura y amor, sus dolencias mermaron, atravesó una operación riesgosa y luego la vida fue otra. Pudo comenzar a convivir con otra versión de sí misma, la auténtica, la vivida con intensa sensibilidad corporal.

El camino hacia la salud vibrante

A veces, todo cambia y se ilumina. El pulso late diferente, con más fuerza. Detrás de los ojos emana una danza. El cuerpo, antes anestesiado, va despertándose. Caminas con naturalidad porque deslizas las plantas de los pies fácilmente. Cada vez que contactas con la tierra, percibes una corriente circulando por el cuerpo. Algo se suelta y te llena de júbilo. La tierra te sostiene, confías en su apoyo. Déjate llevar por la fuerza de su suelo, entrégate a este sagrado toque que se afianza y te deja transitar la magia del **enraizamiento**.

El equilibrio interno y externo se revela cuando surge una armonía entre la mente y el cuerpo. Ese instante nos concede una conexión con las profundas sensaciones, la percepción de unidad entre el ser corporal y el mundo exterior aviva el sentido de pertenencia o de estar presente. Nos plantamos en aquellos lugares donde nuestro sentir, pensar y hacer circulan próximos.

Al advertir la unidad cuerpo-mente la respiración se vuelve profunda, sin control ni apoyo del pensamiento volitivo, dejando que todo el cuerpo palpite. Surgen vibraciones y éstas permiten despertar sensaciones anestesiadas, micropercepciones que van filtrándose en la savia de nuestra vida mediante un proceso de experimentación con lo más profundo de uno mismo, las emociones.

Mediante estas vibraciones físicas se establece una fuerza hacia los apoyos, las plantas de los pies, una sensación de enraizamiento que luego se transforma en firmeza de comportamientos y serenidad afectiva.

El cuerpo y la mente vibrantes mantienen un equilibrio somato-psíquico que nos otorga una salud física, emocional y mental. Las vibraciones espontáneas son el resultado dinámico de la energía que va desde los pies hasta las piernas y la pelvis. Esta motilidad inherente a un cuerpo vivo, resulta de un estado de excitación. Cuando éste crece, se acentúan los movimientos internos generando ondas pulsantes que se extienden a lo largo del cuerpo.

La **vibración** es una corriente energética que carga la musculatura. Su carencia es una indicación de que la corriente de excitación está ausente o reducida. La presencia de vibraciones bruscas es una señal de que la carga no fluye libremente. Se percibe como una especie de espasticidad por efecto de un estado de tensión crónica. Cuando el músculo se relaja, las vibraciones se vuelven más finas, apenas perceptibles sobre la superficie.

Cuando las vibraciones circulan plenamente en el cuerpo nos sentimos conectados e integrados. Deviene como una sensación de unidad y su correlato es la gracia corporal, el brillo en la mirada, la calma en el rostro y la apariencia de una piel suave. Todas estas son señales de que estamos radiantemente vivos.

Podemos inhibir o bloquear el flujo de la excitación en el cuerpo y eso nos conduce a limitar la respiración, restringir movimientos, reducir la autoexpresión y los placeres. Se produce por efecto de tensiones crónicas y éstas son producto de conflictos reprimidos.

Si intentamos registrarnos desde la relación *cuerpo-mente-emociones*, y nos proponemos descargar sentimientos reprimidos, podemos realizarlo mediante la disolución de tensiones y bloqueos musculares crónicos. Para ello se necesita un trabajo personal profundo que conduzca a aumentar nuestra capacidad para conectarnos con el placer y el dolor.

El secreto del placer está oculto en el fenómeno de la vibración y esto se produce cuando logramos superar ciertas tensiones crónicas. Es de esperar que, cuando el cuerpo permite soltar movimientos vibratorios, emerjan recuerdos y sentimientos que dolieron y que, posiblemente, hayan contribuido a generar esa tensión, hoy actualizada. Lograr aceptar esos dolores determinará nuestra capacidad de experimentar sentimientos placenteros. Tengamos en cuenta que, nuestro dolor está asilado en el cuerpo y que, sacarlo, alivia.

Escucha tu cuerpo

De pie, ubicando los pies a la misma distancia que los hombros,
y con las rodillas semiflexionadas, observa tu respiración
y tu tono muscular.
Esa fuerza que te habita de la piel hacia dentro.
Comienza a mover un brazo hacia arriba
y hacia abajo, suavemente.
Nota qué tipo de corriente circula por tu cuerpo.
¿Es suave, pesada, espástica?
Ahora respira más profundo con la intención de hacer
circular el aire hasta un punto por debajo del ombligo.
Realiza el mismo movimiento con el otro brazo.
¿Observas algún cambio?

Con ejercicios como el anterior proponemos observar, con especial atención, qué tipo de corriente circula por el cuerpo al desplazarnos o aquietarnos. Si el ritmo es acelerado, si nuestros movimientos son entrecortados, si advertimos fluidez y calma interna o si se combinan ambas.

Cuando el movimiento se mecaniza está determinado por una fuerza que no es corpórea, es mental. En ese momento, no estamos allí, porque la mente deambula de un lado a otro. Hay zonas ausentes que, al no sentirlas, descargan una especie de espasticidad e impulsividad porque hay tensiones acumuladas.

En la búsqueda del bienestar subyace la sensación de fluidez energética y esto está íntimamente relacionado con la atención, la percepción del instante. Si estamos concentrados en el aquí y ahora es posible que los movimientos sean gráciles y livianos.

La fatiga física generada por cuerpos exigidos y la fatiga mental producida por altos niveles de presión dan como resultado elevadas cargas de tensión corporal y eso genera pesadez y cansancio. Ser eficiente y en el camino olvidarse que tenemos un cuerpo que cuidar es una cuestión que amerita advertirse para la búsqueda del bienestar.

La ansiedad se desencadena por situaciones que ofrecen una promesa de placer junto con amenazas de dolor. La expectativa de placer dispone de impulsos expansivos y, en simultáneo, el temor al sufrimiento conduce a un deseo opresor que provoca ansiedad. Cada señal que conlleva esa paradoja gestiona, inconscientemente, impulsos de placer-displacer. El conflicto se produce cuando existe un movimiento energético hacia lo deseado y un control inconsciente dirigido a detener el movimiento mismo. Es allí donde se ocasionan primero los bloqueos y luego las tensiones crónicas.

La predisposición a la ansiedad nos encarcela y afecta nuestra salud vibrante. El ritmo, la presión y la filosofía de nuestros tiempos, por momentos, condicionan la posibilidad de vibrar. Sin embargo, la viveza y la liviandad no solo se obtienen desde el control de las ansiedades y la posibilidad de desapegarse de la vida frenética, sino que requieren de una tarea profunda de registro corporal-emocional.

Las crisis emocionales son una herramienta muy valiosa para iniciar esta búsqueda hacia la salud vibrante. Un recorrido que sólo puede entenderse desde una exploración de la propia singularidad y las condiciones de vida social que la influyen, y desde un trabajo personal analítico y un abordaje físico o lectura corporal que pone el foco en la búsqueda de la salud vibrante. Dicha búsqueda parte de la identificación corporal de las cargas energéticas que almacena el cuerpo y ciertos movimientos internos que aparecen como espasticidades, torpezas, impulsos que inhiben la libertad motriz y de expresión y limitan el desarrollo natural de la espontaneidad.

Cuando hablamos de carga energética fuerte hacemos referencia a un sistema muscular tenso, muchas veces producto de la hiperactividad. Son cuerpos que manifiestan rasgos de mucha dureza y contención en su musculatura, como si estuvieran próximos *a explotar*. Por el contrario, la carga energética débil, remite a falta de tono, flaccidez, *peso muerto*. Este tipo de rasgos son característicos de cuerpos tristes y/o deprimidos.

La circulación fluida de la energía corporal está íntimamente relacionada con los procesos respiratorios. *Una buena respiración es esencial para la salud vibrante.* A través de una amplia y relajada respiración obtenemos la cantidad de oxígeno para mantenernos abiertos *a nuevos aires.* Una mayor cantidad de oxígeno crea una predisposición para la vivacidad y produce más energía.

La respiración saludable es una acción corporal total. Todos los músculos del cuerpo se hallan implicados y su movimiento adquiere un tinte ondulante. Esta ondulación, que también podríamos representarla como una ola, comienza en la profundidad de la pelvis y fluye ascendentemente hacia la boca. Requiere un entrenamiento que la hace circular hacia arriba y atraviesa la geografía corporal expandiéndose hasta aspirar el aire. Este recorrido incluye el abdomen, el tórax, la garganta y la boca. A veces, esta circulación se bloquea en la garganta o en el pecho por la retención de sentimientos, especialmente los de grito y llanto. Suele suceder que, después de expresar llanto, la respiración se vuelva más profunda y fácil. Sollozar alivia la tensión de la garganta y abre el vientre. Al dejar salir el aire permitimos hacer emerger lo contenido. La gente temerosa de *soltarse* tiene dificultades para exhalar plenamente. Incluso, después de una exhalación forzada, su pecho permanece oprimido.

La mayoría de las personas respiran deficientemente porque el circuito es poco profundo y tienden a retener el aire en situaciones de tensión. *Respirar profundamente* carga el cuerpo y le infunde vitalidad, los ojos chispean, el tono muscular relaja, la piel tiene un color luminoso y el cuerpo se anima generando calor.

Cuando la respiración se expande, aparecen vibraciones en el cuerpo. Éstas generalmente empiezan en las piernas, pero si se vuelven suficientemente fuertes, pueden extenderse y abarcar al cuerpo entero. Una personalidad saludable es una personalidad vibrante y un cuerpo saludable es un cuerpo pulsátil y vibrante. En un estado saludable las vibraciones son relativamente finas y constantes.

Según Lowen, respirar implica un movimiento total del cuerpo, cada acción que está enteramente coordinada con la ola respiratoria tiene un tono emocional. Si no está coordinada con la respiración, tiene una cualidad mecánica. Se puede decir que cuando el aliento vital infunde una acción, dota a ésta de sentimiento.

Si durante la primera infancia se ha retenido la respiración para no llorar, es posible que esa retención haya afectado la musculatura que interviene en el proceso respiratorio, por ejemplo, los músculos de la garganta, la mandíbula, la zona cervical, etc. Lo mismo ocurre con las tensiones crónicas de la zona superior del cuerpo. Por ejemplo, si sobreviene una situación amenazante, algunas personas suelen acercar los hombros a las orejas para controlar enojos y, si este movimiento se sostiene, endurecen el cuello y/o contraen la garganta para impedir el grito. Estos comportamientos, a medida que se van reiterando, alimentan las tensiones musculares en diversas capas, desde la superficial a la más profunda y, con el tiempo, todo este entramado se hace crónico.

La respiración también está conectada con la voz porque para emitir un sonido debemos propulsar el aire a través de la laringe. Bloquear ciertos sonidos naturales a la hora de exhalar produce una constricción en la garganta. Es una conducta que solemos reprimir por pudor social. Un sonido profundo resonando en el cuerpo causa vibraciones en el pecho y garganta que desbloquea y ayuda a hacer circular el aire que respiramos.

Las inhibiciones del llanto y del grito se estructuran en tensiones que restringen la respiración. Si, históricamente, hemos reprimido esta conducta tan necesaria para expresar algún sentimiento o liberar tensiones, seguramente la respiración no se desarrollará libremente. La tendencia natural a hablar, dar voces o gritar, quedará ahogada por los espasmos en la musculatura del cuello. Estas tensiones afectarán la calidad de la voz y los niveles de expresión.

Escucha tu cuerpo

Busca un lugar cómodo.
Visualiza qué zonas del cuerpo se sienten entumecidas o tensas.
Identifica un punto 3 centímetros por debajo del ombligo
e intenta respirar hacia allí.
Notarás que se activa el diafragma como motor
de la respiración.
Comienza a abrir la boca estimulando bostezos.
Si surgen al exhalar, emite sonidos.
Repítelo varias veces.
¿Qué sensación apareció luego de generar los bostezos?
¿Hubo algún cambio en las zonas corporales
cargadas de tensión?

Temblores y tironeos

Desde una perspectiva psicocorporal, las tensiones responden a viejas emociones retenidas. Si nos damos tiempo para vivenciar el epicentro de esas durezas, observaremos una especie
de hebras tiesas que tironean cada vez que nos encontramos
con conflictos. El músculo se halla como encorsetado y la falta
de registro de esa opresión nos lleva a un entorpecimiento de
la libre expresión del movimiento o, lo que es peor, a anestesiar
su sensibilidad.

Cada desilusión, desacierto o dificultad se va instalando entremedio de nuestras hendiduras musculares y va sujetando nuestra
capacidad de soltura hasta bloquear energéticamente la zona.

Cargamos pesadas mochilas sobre los hombros que afectan
nuestra postura. Contracturas que parecen irreparables, piernas
temblando, nervios continuos, dolores testarudos, luchas internas, sentimientos paradójicos. Nos pesa el miedo, el amor, la
verdad, la injusticia. Nos pesa aquello que vemos y aquello que
no vemos, la sensatez, el contacto y la falta de él. El desafío es
advertir cuando el cuerpo pesa y se rigidiza, en otras palabras,
identificar aquello que está frenando la fluidez. Nos estamos refiriendo, especialmente, a las emociones.

Asumimos que todos sentimos, pero la triste realidad es que
no todos logran acceder a sus sentimientos. A veces, por miedo a
descubrir tristezas, a correr el velo de las defensas, a develar ira o
furia o, quizá, por temor a experimentar amor.

Lo cierto es que los procesos energéticos subyacen a nuestra conducta y se revelan a través de la expresión del cuerpo.
Respondemos a nuestro entorno por medio de sensaciones,
movimientos internos. Son desplazamientos que contienen
emociones. La palabra emoción viene del latín *emotio*, nombre

que se deriva del verbo *emovere*. Este verbo se forma sobre *movere* (mover, trasladar, impresionar) más el prefijo *e-/ex-* (de, desde) y significa retirar, desalojar de un sitio, hacer mover. El desplazamiento que se produce determinará nuestra vibración corporal con características cuyas cualidades dependen de la naturaleza del estímulo recibido. Podemos advertir vibraciones gráciles que permitan una fluidez energética liviana (estamos vibrantemente vivos) o temblores, que denotan espasticidades y bloqueos energéticos.

La expresión *vibrantemente vivo* se vincula con la capacidad para el placer y el gozo de la vida. Si nos orientamos hacia esta experiencia, tendremos que liberar bloqueos tensionales para alcanzar la naturalidad y la liviandad corporal. En otras palabras, nos referimos a lograr movernos libremente a cada paso, lo que constituye una motilidad que trasciende lo muscular. Es decir, buscamos la *entrega* del cuerpo a la identificación con los sentimientos más que a la devoción o apego a los pensamientos.

En el plano del ego, dominado por la mente, existen creencias, consideraciones teñidas de expectativas externas y ancestrales y éstas son, muchas veces, las que bloquean el libre flujo energético creando tensiones crónicas. Se trata de estructuras que, en determinadas circunstancias, constituyen obstáculos para la revelación de nuestro verdadero espíritu. Inhiben impulsos que no nos atrevemos a expresar, por la aparición de determinadas amenazas como, por ejemplo, el rechazo o la pérdida del amor.

Quien está temeroso, contraído y ansioso, está tenso. Los impulsos *peligrosos* son aprisionados con la intención de asegurarnos la *supervivencia* bajo la creencia de una falsa seguridad. Es una defensa de nuestra mente que actúa bajo el instinto de autoconservación y lo hace mediante el control de la musculatura desde sus movimientos voluntarios, es decir, de lo que está regulado por la capacidad de decidir qué movimiento realizar. Este control se halla instalado desde esas edades muy primarias y se va fortaleciendo a medida que crecemos, justamente potenciado por ese instinto de supervivencia que abarca todas las funciones corporales que podrían obstaculizarlo. En este proceso se van rigidizando aquellos rasgos propios que tal vez nacieron con nosotros y sobre los que la mente cree que nos harán daño. Si no realizamos un ejercicio profundo de autoconocimiento, seguiremos sus órdenes y tal vez nos entumezcamos progresivamente.

Algunos consideran que la rigidez es un signo de fortaleza, una prueba de que son capaces de hacer frente a las adversidades, de que no se quebrarán por las presiones del medio, con la intención de tolerar o *aguantar* los malestares, el dolor. Recomendamos dedicar un momento a observar cómo el cuerpo vibra y advertir si se experimentan movimientos vibratorios sutiles o temblorosos (existencia de bloqueos y espasticidades).

Escucha tu cuerpo

Ubícate de pie, descalzo, con las piernas separadas
unos 25 centímetros, con los dedos de los pies ligeramente
vueltos hacia dentro y las rodillas semiflexionadas.
Observa el apoyo de las plantas de los pies sobre la tierra.
Lleva suavemente el mentón hacia el pecho.
Luego comienza a inclinar la cabeza hacia la tierra
de manera tal que su peso invite al resto del cuerpo
a echarse hacia abajo.
Afloja los brazos.
Una vez que adviertas el tronco suelto,
emite un sonido al exhalar.
Finalmente, comienza a realizar un movimiento
muy lento con las rodillas.
Al inhalar súbelas y al exhalar bájalas, realizando
una leve presión de las plantas del pie sobre el piso.
En las dos direcciones (subir y bajar) presiona
las plantas de los pies sobre la tierra.
Observa si surgen vibraciones o temblores en las piernas.

Luego de realizar el ejercicio anterior observa: si las vibraciones son suaves, casi imperceptibles, el flujo de energía fluye. Si lo hace en forma de temblor, probablemente existan tensiones, espasticidades que condicionen la libre circulación de la energía. Esta información expresa un estado de situación del cuerpo que es útil atender para explorar las fuentes del mismo. Es una auténtica tarea de decodificación y puesta en marcha de decisiones.

El siguiente fue el relato de **CAROLINA** durante una de sus sesiones luego de atravesar varios estados vibratorios: *"Sentí que esa mujer alterada era y no era yo al mismo tiempo. Tuve que detenerme y dejar que las sensaciones se hicieran cuerpo para reconocerme. Renuncié a mis pensamientos. Un paréntesis silencioso se instaló en mi mente y advertí cierto desentumecimiento. Respiré profundo. La densa red nerviosa que anudaba mi estómago dejó pasar el aire. Sin embargo, noté que, desde la cintura hacia las extremidades, había un ser espantado. El cuerpo no pudo ceder allí. Centré mi atención sensitiva en las plantas de los pies, respiré más profundo, y unos extraños temblores afloraron. Descubrí que, en ese trayecto, entre las vértebras lumbares y las plantas de los pies, había tensiones macizas. Traté de soltar una a una las piernas con movimientos bruscos de descarga. Luego vinieron una cadena de suspiros y el cuerpo comenzó a vaciar la tensión acumulada durante décadas. Un cosquilleo entre los glúteos, muslos y pantorrillas me sorprendió. Apareció en mi mente una imagen significativa. Tuve la certeza de que aquello que me estaba entumeciendo era la traducción corporal de mis temores. Luego, a través de la palabra y el movimiento, se puso en evidencia mi revelación. Al detenerme sentí, por primera vez, que las piernas se me poblaron de energía vital, las vibraciones se hicieron más tenues, suavecitas. Y mi caminar adquirió otro andar".*

Un músculo tenso es un músculo asustado. El miedo le produce contracciones. Para liberarnos de esta tensión, esa que a veces produce temblores en lugar de vibración, es necesario comprender el miedo, sentirlo y, finalmente, liberarlo. Un estado de contracción muscular que es aconsejable aceptar para luego liberar.

Vivir *colgados* lejos de la tierra

Nuestra naturaleza primaria es estar abierto a la vida y al amor, es avanzar en busca de la espontaneidad. En contraste, actuar escudados defensivamente, responde a comportamientos que integran nuestra segunda naturaleza, la que está fuertemente influenciada por la cultura familiar y social y la que, en muchos casos, está dominada por pensamientos alejados de ciertas aspiraciones propias. A veces, nuestro proceder, responde a dictámenes que hemos aprehendido desde muy pequeños y, cuando las aspiraciones personales eclosionan con esos mandatos, brota el conflicto emocional.

Utilizamos el término "colgado", concepto de Alexander Lowen en su libro *Bioenergética*, para caracterizar a alguien que ha quedado aprisionado en un conflicto emocional producto de mandatos no resueltos, dramas históricos o recientes. El término se ha empleado para hacer referencia a aquellos obstáculos alimentados por la racionalización de los sentimientos. Es decir, la existencia de mecanismos que *arman* racionalmente nuestro sentir y convierten las creencias en firmes certezas. Nos *colgamos* de esas ideas, convertidas, a veces, en ilusiones.

Las ilusiones tergiversan la realidad; actuamos afectados por la confluencia entre nuestro sentido de realidad y ciertas ilusiones que nos influencian. Un modo de reconocer corporalmente nuestra tendencia a ilusionarnos es observar la forma en que asentamos nuestras plantas de los pies sobre la tierra.

Tener los pies sobre la tierra, desde el lenguaje corporal, revela que estamos en contacto con la realidad de nuestro ser. Lowen lo llamó *"estar enraizados en la realidad"*, lo que significa tener plena conciencia corporal de uno mismo.

A simple vista pareciera que afirmamos los pies sobre el piso, nos sostenemos. Sin embargo, no todos hacemos conexión con nuestra base, sino que permanecemos *colgados* en los pensamientos, sin enraizarnos en nuestra realidad.

La búsqueda del enraizamiento requiere bucear en experiencias de asentamiento, de vínculos seguros. Este camino se inicia desde nuestro nacimiento y asienta sus bases en la relación de apego construida con nuestra madre.

Los bebés se apegan a quienes son sensibles y receptivos con ellos y permanecen como cuidadores consistentes. Buscan sus figuras de apego (padres o tutores) como una base segura para explorar y regresar de nuevo a ellos. La reacción de esos seres significativos, especialmente la madre, lleva al desarrollo de patrones de apego. Éstos representan modelos internos de vínculo que guiarán sus percepciones individuales, emociones, pensamientos y expectativas.

La psicóloga del desarrollo Mary Ainsworth estudió la idea de *base segura*. Durante sus investigaciones observó ciertos patrones de apego en los recién nacidos: el apego seguro, el apego inseguro-evitativo, el apego inseguro-ambivalente y el apego desorganizado.

El **apego** es el vínculo que prevalece por encima de otras necesidades biológicas. El que más cuenta y el principal es aquel que se establece entre madre (o sustituto) e hijo, un lazo afectivo muy fuerte que determinará el desarrollo posterior de la personalidad del niño, su forma de relacionarse con los demás y con todo lo que le rodea. El apego también influirá en cómo se ve a sí mismo.

El tipo de *apego seguro* se genera cuando la protección y la seguridad de la madre se muestran de manera sostenida, lo que permite que el niño desarrolle un concepto de sí mismo y de autoconfianza positivos. En el futuro, estas personas tienden a ser cálidas, estables y con relaciones interpersonales satisfactorias. Este tipo de apego está caracterizado por la incondicionalidad: el niño sabe que su cuidador no va a fallarle.

En el tipo de *apego inseguro-evitativo* el niño crece en un entorno donde la madre deja de atender constantemente a las necesidades de protección de éste. El sentimiento de confianza se debilita, por lo tanto, los niños, adolescentes y adultos, probablemente, cargarán con sentimientos de inseguridad producto de estas experiencias vividas como un abandono. Los niños con este tipo de apego asumen que no pueden contar con sus cuidadores, lo cual les provoca sufrimiento. Se conoce como *"evitativo"* porque los bebés presentan distintas conductas de distanciamiento. Por ejemplo, no lloran cuando se separan de su cuidador, se interesan sólo en sus juguetes y evitan contacto cercano. Durante la adultez, las huellas del apego evitativo generan una evasión de la intimidad con otros.

El tipo de *apego inseguro-ambivalente* se caracteriza por generar situaciones de distancia y separación angustiantes con la madre lo cual anula las expectativas de confianza y de necesidad de cuidado. Estos pequeños aprenden a vivir sintiéndose poco queridos y valorados; muchas veces no expresan ni entienden las emociones de los demás y, por lo mismo, evitan las relaciones de intimidad. Con frecuencia son valorados por los otros como hostiles.

En el *apego desorganizado* el niño presenta comportamientos contradictorios e inadecuados. En ocasiones se conoce como *"apego irresuelto"* y hay quienes lo traducen en una carencia total de apego. Se trata del extremo contrario al apego seguro. Ocurre, por ejemplo, en casos de abandono temprano, cuya consecuencia en el niño es la pérdida de confianza en su cuidador o figura vincular, e incluso puede sentir constantemente miedo hacia ésta.

David Boadella, en *Corrientes de vida. Una introducción a la Biosíntesis*, contribuyó a desarrollar el concepto de enraizamiento. En su obra muestra cómo el bebé descubre aspectos del proceso de enraizamiento en su contacto con su madre: *"Está tendido sobre el abdomen de la madre y se enraiza sobre la superficie del cuerpo de ella, percibiendo los mismos ritmos y latidos que antes experimentaba en el útero. Es sostenido y se aferra; toma una parte de la madre en la mano, o bien algo de su propio cuerpo, y es envuelto por el contacto con ella. Cuando mama, se puede decir que está enraizando su boca. Cuando mira al rostro a la madre, está enraizando sus ojos. En el flujo del lenguaje en desarrollo empieza a enraizar sus ideas. En sus progresivos movimientos (desde el decúbito prono hasta que levanta la cabeza, se arrastra, gatea, se pone en cuclillas y de pie), aprende un buen o un pobre contacto con una base física. Todo esto tiene lugar en un ambiente emocional que constituye el trasfondo de la organización de la actividad del niño".*

Dejar fluir

Somos un sistema de energía abierto a las influencias del entorno. Nuestra circulación o flujo energético puede aumentarse o disminuirse y, este tipo de corriente, afecta diversas zonas del organismo: sexuales, motrices y sensoriales.

Desde una primera lectura postural, puedo notar ciertos rasgos que me indican si existe fluidez o bloqueo energético en el cuerpo. Cuando observo ojos opacos, labios apretados, maxilares en tensión, frente fruncida, cuello agarrotado, pelvis tensa y, en posición vertical, piernas con sus rodillas rígidamente estiradas, leo esos mensajes como una voz del cuerpo que pide descomprimir. Allí hay energía condensada, tensión. Estos cuerpos necesitan despertar el movimiento de pulsación vital, es decir, de excitación. A partir de estas primeras informaciones, se inicia una propuesta de registro cuyas intenciones son: hacer contacto con los bloqueos, escuchar cada una de las voces del cuerpo que piden desentumecerse y activar corrientes internas que se propaguen a través de tejidos, musculatura, órganos y generen movimiento energético para que se redistribuya la carga desde el centro del cuerpo a la periferia o de abajo (la base o plantas de los pies) hacia arriba (la cabeza).

Un cuerpo grácil manifiesta movimientos suaves y lentos, la circulación energética fluye entre los músculos. En ese momento, es posible que la persona permanezca con cierto equilibrio emocional y advierta la sensación de vitalidad, lo cual se traduce en *ganas de vivir*.

Tanto la fluidez como el bloqueo son parte de nuestra vida, lo aconsejable es tomar conciencia de esos estados y de aquellos estímulos, fuentes y contextos que los crean. Al contactar con las sensaciones corporales comenzamos a enlazar, por ejemplo, algunas combinaciones como la expresión de calor o sudor con los enojos, el tiritar con el miedo, el rubor con la vergüenza, la palidez con el terror, el bostezo con el cansancio o el ahogo, la tos con la ansiedad, la náusea con la conmoción, el vómito con el asco, la somnolencia con la sobrecarga energética, y algunos de los contextos donde estas sensaciones se presentan.

En ocasiones, sucede que ciertos síntomas corporales vuelven en contextos donde *respiramos energéticamente* escenarios que nos dañaron o incomodaron. Después de observar ese gesto, o escuchar alguna frase que nos ha herido, surge una emoción que toca el cuerpo. Puede ser el miedo. En este caso se manifiesta a través de un leve escalofrío, las manos tiemblan y la voz se entrecorta. Los hombros comienzan a levantarse sutilmente y los ojos pierden el brillo. En todas estas expresiones corporales hay un interjuego entre carga y descarga energética. Para que un cuerpo esté en equilibrio la carga y descarga energética deben ser proporcionadas. Si la carga aumenta por encima de su capacidad para descargarla, nos veremos en una situación de desequilibrio y los movimientos se volverán descoordinados. Lo mismo ocurre cuando se descarga más energía de la que se necesita liberar, esto hará que el cuerpo necesite autorregularse.

El desequilibrio suele fijarse en lo que Wilhelm Reich, en su ensayo *Estructuras de carácter*, denominó *segmentos corporales*: ocular, oral, cervical, torácico, diafragmático, abdominal y pélvico. En cada uno de estos segmentos la energía puede estar limitada por tensiones musculares crónicas.

El *segmento ocular,* es el primer segmento que un recién nacido tensa ante situaciones que amenazan su vida. Abarca la musculatura encargada de los movimientos de los ojos y de la expresión de la mirada, también los oídos y los músculos profundos de la nuca. En este segmento encontraremos emociones como la rabia, la pena, la concentración, el placer y, sobre todo, el miedo.

El *segmento oral* abarca toda la musculatura implicada en la masticación y en la succión. En él quedan registradas las primeras experiencias de frustración y gratificación. Las emociones relacionadas con este segmento son la pena, la rabia y la dependencia.

El *segmento cervical* abarca los músculos del cuello y la cintura escapular. Es un segmento importante para el control emocional de uno mismo y para con el entorno.

El *segmento torácico* comprende los músculos encargados de la respiración, excepto el diafragma, y también los encargados del movimiento de los brazos. Sus tensiones se vinculan con el dolor, el llanto profundo y el anhelo. Es un segmento importante pues en él se encuentra el corazón y los pulmones. El tórax es la sede de los sentimientos profundos hacia los demás.

El *segmento diafragmático* abarca al diafragma, por muchos considerado como el segundo corazón, que permite la conexión energética entre el abdomen y el tórax. Este bloqueo está en la base de todos los trastornos de ansiedad. Dificulta que percibamos nuestras necesidades con su correspondiente componente emocional.

El *segmento abdominal* incluye los músculos abdominales, lumbares y el intestino. En él se censan las necesidades emocionales básicas.

El *segmento pélvico* incluye la pelvis y las piernas. Se relaciona con el arraigo, la seguridad, el asentamiento en la realidad, la entrega al placer y al contacto tierno con el otro y con el medio. También se vincula con las necesidades sexuales, la identidad sexual. Su bloqueo puede dar lugar a la perversión y la pornografía, así como a la inquietud, la inseguridad y el miedo.

Los dolores emocionales excesivos, la ansiedad, la presencia de cuadros depresivos, la fobia y los trastornos de pánico generan importantes desequilibrios en la distribución energética. Muchos de ellos se sitúan en las zonas de mayor tensión a nivel cervical, diafragmático y pélvico. Comprender la naturaleza de la circulación energética nos ayudará, entonces, a liberar nuestra gracia, soltura y gracilidad.

Cuando estamos atentos a la percepción de la energía que circula dentro y fuera nuestro, nos permitimos desarrollar nuevas sensibilidades. Empezamos a advertir de una forma diferente nuestro contacto con el mundo, prestamos atención a aspectos de la experiencia que nos generan liviandad, frescura o nos oprimen el pecho, como si inhaláramos un aire denso y contaminado. Descubrimos que estamos utilizando un nuevo lenguaje para comunicarnos que no solo se deriva del habla. Notamos una agradable sensación, una energía que vibra suave, al sentir la presencia de él o ella, o incomodidad al percibir cierto rechazo cuando hay una energía densa en otra persona.

La *energía pura* activa y nutre el cuerpo de *energía sutil*, mientras que la congestionada o densa puede generar malestares. Recibimos energía pura de las plantas y el sol; y de todo el cosmos, cantidades enormes de energías sutiles. La energía sutil es aquella que no tiene masa y vibra a tan alta o tan baja frecuencia que no la podemos percibir a simple vista. Los árboles transforman las energías insalubres y saturadas en energías puras. Gracias a estas inagotables fuentes, nuestro cuerpo se abastece de energía sutil cotidianamente lo que nos mantiene vivos y vitales.

Los sonidos de la naturaleza, el aroma y textura de los árboles, la luz del sol, el aire fresco y limpio, alimentan nuestra vitalidad. Todas estas percepciones dan una sensación de bienestar, ayudan a relajarnos y a concentrarnos con claridad y producen un refrescar interno. Para cargarse de energía pura recomiendo realizarse *un baño de naturaleza*. Además de tener una concentración de oxígeno mayor, el aire de los árboles, por ejemplo, está lleno de fitoncidas. Los fitoncidas son los aceites naturales de las plantas, que forman parte del sistema de defensa del árbol. Los árboles segregan fitoncidas para protegerse de las bacterias, de los insectos y de los hongos. Nuestros ritmos son los de la naturaleza. Cuando paseamos lentamente por un bosque, observando, oyendo, oliendo, saboreando y tocando, sincronizamos sus ritmos y cadencias. Nos proporciona cierto compás en el andar, y nos hace parte del equilibrio que transmite. Un baño de naturaleza abre nuestros sentidos y crea un puente entre nosotros y el mundo natural. Y, cuando estamos en armonía con él, el sistema nervioso se calma, merma el pensamiento maquinal. Pasar una pequeña cantidad de tiempo en la naturaleza puede tener un gran efecto en nuestra salud energética. Un baño de bosque o un contacto con los árboles, aunque sea en medio de la ciudad, en una plaza, nos puede ayudar a desconectar de la tecnología y a bajar el ritmo, reducir la tensión arterial, mejorar la salud cardiovascular y metabólica. Cuando conectamos con la naturaleza, recordamos que formamos parte de una entidad mayor: la vastedad del universo.

Shinrin Yoku en su libro *El poder del bosque*, cuenta que William James, hermano del novelista Henry James y gran pensador del siglo XIX, explicaba que hay dos modos de prestar atención. El primero es *voluntario*, o dirigido: el que empleamos en tareas que exigen esfuerzo y concentración y solemos utilizar en el trabajo, o conduciendo, o incluso cuando vamos por una calle muy concurrida. Hay muchísimas cosas que exigen atención *dirigida*: las publicidades, las máquinas expendedoras, las señales de tránsito, los semáforos. Esto hace que pasar un rato en la calle nos fatigue mentalmente. El segundo modo de atender es *involuntario*. Lo que algunos llaman *"suave fascinación"*. No requiere esfuerzo mental; surge de forma natural. Es aquella que disponemos al estar en contacto con la naturaleza, fuente de imágenes y sonidos convertidos en un bálsamo y alivio para nuestra mente.

Un cuerpo al lado de otro provoca reacciones y sentires por más que no haya habido interacción a través de la palabra. Ese espacio que se plasma y se carga de energía genera un campo de fibras pulsátiles en interacción. Son como hebras invisibles que contienen informaciones, mensajes. Un ser *ve* al otro, percibiéndolo y/o pensándolo. Y esa conexión es un misterio porque no puede ser vista con la totalidad de nuestro ser. Es incorpórea, impalpable, incógnita.

Poseemos receptores que captan las diferentes frecuencias de la energía y las absorbemos. La cuestión es qué hacemos con ese registro. Alrededor circulan cuerpos que irradian energía grácil o negatividad y toxicidad.

Al empatizar con otro cargado de energía negativa, corremos el riesgo de dañar nuestro equilibrio energético, especialmente cuando la calidad de ciertos pensamientos, emociones matizadas con resentimiento, enojos, y desazones, nos atraviesa. Esa permeabilidad nos produce mucho cansancio y desgano. Cuando no logramos protegernos, somos blanco de una corriente que aspira nuestra energía vital, barre con todo nuestro resto energético y nos deja exhaustos. Se trata de gente que toma la energía de su entorno para su propio provecho. Hablan de manera desaforada, casi monologando. A pesar de que esta interacción puede durar tan solo unos minutos, los efectos pueden notarse durante varios días. La falta de energía, los mareos, la tensión muscular, la dificultad de concentración, los dolores de cabeza y las náuseas, los desajustes en el sueño y la irritabilidad, son algunas de las voces del cuerpo que nos expresan la carga absorbida.

Esa densidad energética que hemos atraído, probablemente contenga una importante cantidad de quejas, situaciones pantanosas, desgracias dramatizadas, mensajes teñidos de culpabilidades, pesimismo, expresiones faciales preocupadas, suspiros, temblores, llantos, miradas perdidas y respuestas lentas entre silencios largos.

Algunos seducen inicialmente por su vulnerabilidad y su necesidad de ayuda; sin embargo, nuestras sugerencias bien intencionadas son descartadas con múltiples argumentos. Seguidamente vuelven a preguntar "*¿qué debo hacer?*".

Existen otras influencias que sujetan nuestra fluidez energética a fuerza de actitudes reactivas: gritos y exabruptos. Buscan a quienes se sienten atemorizados y ansiosos. Su comportamiento puede ir desde dar órdenes a los que están a su alrededor, hablar constantemente, ser autoritarios, inflexibles, sarcásticos y a veces violentos.

Otros actúan socavando el ánimo y la voluntad mediante un sinfín de interrogaciones, cuestionando mentalmente cualquier actividad y motivación. Son críticos hostiles, buscan formas de hacer sentir mal a los demás, desestimar cualquier tipo de motivación o proyecto. Cada pregunta que formulan esconde una crítica hostil, cáustica, aguda. Es probable que todo lo que les digamos sea usado en nuestra contra. Controladores, cínicos, escépticos, sarcásticos, fastidiosos, perfeccionistas, manipuladores. Cooptan a los demás porque, inicialmente, atraen con su ingenio, su lógica infalible, sus hechos y su intelecto.

Protegernos de estos entornos que nos quitan nuestra preciada energía vital, requiere de:

- salir del estado de sometimiento cuando comenzamos a identificar algunos de estos rasgos en el otro.
- tomar cierta distancia de ellos para asumir que sus desazones no son nuestras. Si alguien está triste y sentimos su tristeza, automáticamente pasaremos a estar tristes, nos contaminaremos con ese sentimiento.

Cuando el otro expresa su sentimiento y observamos que nuestra energía cambia, que se desploma sobre nosotros, debemos tomar conciencia.

La fluidez en las relaciones permite la circulación de ondas suaves, de un rimo cándido, del flujo continuo de la energía, de un contacto que busque la armonía y no el conflicto y la oposición.

Uno de los modos de lograrlo es *ser empáticos*. Empatizar no es sentir lo que siente el otro, es comprender lo que el otro está experimentando, pero cuidándose a partir de construir límites claros entre un cuerpo y el otro. Lo recomendable es practicar la máxima expresión de la empatía que es la compasión. Se trata de una forma de afecto cuyo deseo es el alivio del tormento ajeno.

El placer de estar con el otro se hace carne cuando la corriente energética del cuerpo fluye de manera libre, rítmicamente y en armonía con lo que nos rodea. La excitación o la vitalidad se manifiestan físicamente a través de movimientos coordinados, agradables y llevaderos. Utilizamos poco esfuerzo porque hay comodidad y suavidad. La vivacidad en las relaciones circula cuando hay flujo de sentimientos gratos y compasión. En contraste con ella, las relaciones tóxicas nos llevan a sensaciones desagradables.

Escucha tu cuerpo

Centra tu atención en aquellas partes del cuerpo
que expresan molestia al contactarte con alguien.
Especialmente si afecta tu respiración:
sensación de ahogo, concentración del aire en la zona
del cuello o una respiración entrecortada.
Con la simple conciencia de la fuente del malestar,
puedes hacer que se inicie la distancia con esa persona
que está afectando tu vitalidad.
No te concentres en lo que dice, sino en tu cuerpo.
Observa donde hay molestias.
Comenzarás a dejar espacio para que ingrese
una energía más limpia.
Si aún sientes que hay algo que ahoga, fíjate si puedes buscar
alguna manera de cortar el diálogo y cambiar de sitio.
Ahora disfruta un baño de naturaleza.
Deja en casa el teléfono celular, la cámara, la música
o cualquier otra distracción.
No vayas con ninguna expectativa.
Detente; no pienses en el tiempo.
Entra en contacto con el presente.
Encuentra un lugar donde sentarte:
en la hierba, junto a un árbol o en el banco de un parque.
Observa lo que oyes y lo que ves.
Observa qué sientes.
Quédate, al menos veinte minutos,
y empezarás a notar los efectos.

Habitar nuestro cuerpo

"No tenemos cuerpo, sino que somos nuestro cuerpo", afirma Alexander Lowen en su libro *Bioenergética*. Vivir en un cuerpo, en términos de posesión, nos lleva a generar un culto solo a lo orgánico, mientras que la búsqueda de serlo se afirma en el acto de existir, de habitarlo, de hacer contacto con la realidad de nuestro ser. Una realidad influenciada por nuestro entorno más próximo, por nuestros sentimientos y emociones conscientes y guardadas, y por las percepciones corporales, conciencia corporal y registro de cuerpo.

Estar *colgados*, como ya lo he mencionado, funciona como contracara de hacer contacto con la realidad de nuestro ser y nos dispone a vivir de ilusiones. Las ilusiones sostienen la lucha por la supervivencia, nacen a partir de estados de impotencia ante las limitaciones que nos llevan a advertir laberintos, prisiones en función de metas irrealizables. Aunque las ilusiones son un recurso que evita los estados desesperantes ante situaciones que parecen irremediables, nos alejan de nuestro ser. Y, a medida que nos vamos alimentando de ellas, nos alejamos aún más de nuestra realidad. Por ejemplo, una niña desesperada por obtener el amor de sus padres puede construir la ilusión de una valoración que traiciona sus más profundos deseos en función de las expectativas de ellos. Durante toda su vida intentará desesperadamente alcanzar la adoración paterna sin darse cuenta de que está actuando bajo una ilusión de amor verdadero. En circunstancias similares, un joven puede crearse la ilusión de que la productividad le asegurarán el amor de un padre exigente que prioriza las ganancias y el rédito económico como valor que alimenta el amor por su hijo, *"más produces, más te quiero"*. En ambos casos, el sacrificio del placer que la ilusión exige esconde una sobrecarga que tarde o temprano estallará. Porque debajo o de manera subyacente a las ilusiones hay sueños que en algún momento de la vida se desvanecerán y allí se derrumbará la ilusión. Quienes desconocen la ilusión a la que han subordinado determinados sentimientos no logran entender la causa de muchas de sus depresiones.

La realidad de las personas reside en el contacto con los sentimientos y eso se percibe cuando uno habita su cuerpo. En otras palabras, la realidad auténtica de nuestro cuerpo se hace carne cuando se registra cada partícula del cuerpo desde el centro a la periferia y desde la periferia hacia afuera.

Ascender y descender por la geografía de nuestro cuerpo y bucear por las tensiones históricas es un modo de abordar el autoconocimiento. Cuando nos disponemos a atravesar esa forma de buscarlo y recorrerlo, es necesario hacerle un lugar al silencio. Esto quiere decir respirar, darle espacio al cuerpo para que hable y agudizar los sentidos con atención concentrada. A esto lo llamo *habitar el cuerpo*.

Recuerdo a una querida mujer antes de habitar su cuerpo. En sus primeras sesiones, **JUANA** observaba sus manos y tenía la sensación de que no sabía nada de ellas. Estaba sorprendida de los pronunciados surcos que habían atravesado el dorso de ellas, de la hinchazón de sus venas. Según sus expresiones, eran manos de trabajo que solo las utilizaba según las necesidades cotidianas: cocinar, limpiar, criar a sus hijos y su tarea laboral (servicio doméstico). Aunque usaba siempre zapatillas amplias, sus pies permanecían continuamente encogidos. Cuando se descalzaba las plantas permanecían como raíces debilitadas y entumecidas, como sin nutrientes, y andaban lejos del piso. La energía circulaba con dificultad. Juana quedaba agotada después de cada movimiento tratando de *salvar las apariencias* pero, en verdad, las apariencias no estaban a salvo. Un cuerpo triste, desgastado, sin ganas de vivir. Necesitó comenzar a habitarlo, parte por parte, para tomar conciencia del torrente de vida que guardaba adentro con deseos de soltarse luego de quedar retenido por los miedos. Había una ola de energía que quería fluir, pero estaba estancada porque se habían construido diques de músculos anudados y apretados.

Después de la primera vez que Juana logró conectar con la vida de su cuerpo se le despertó una especie de insistencia que, lejos de desvanecerse tras la identificación de dolores, se agudizó a cada minuto. Simultáneamente, surgió algo que no supo cómo llamar, que luchó contra todo lo razonable para convencerla de que ese espacio que le daba a su respiración, a caminar con conciencia, a detenerse y pensar en nada, era valioso. Observó su tono, su elasticidad, su temperatura, la manera de sujetar las cosas. Respiró profundo y afinó la percepción. El cuerpo cedió lugar a un vapor pesado, a un mar que corría apurado y aturdido. Liberó los bloqueos, los temores que se acumulaban en las manos lo que le permitió alcanzar un estado de intuición sensorial y le proporcionó un contacto pleno y más placentero con su cuerpo. El encuentro con su sí mismo corporal le permitió convivir de otra manera con su entorno y surgieron nuevas decisiones. Ya no sentía que estaba en medio de un laberinto, la vida de su cuerpo se tradujo en ojos que miraron con alivio y en un rostro cuyo resplandor brillaba diferente.

Soltar el control

Para localizar las capas más profundas de las tensiones, esas que muchas veces no nos permiten llegar a las emociones, debemos tomar conciencia de nuestros mecanismos de control que son nuestras defensas. Éstos se presentan en situaciones difíciles, tristes e incluso dramáticas, en las que suponemos que la expresión de un impulso, un deseo, implica un peligro para nuestra integridad. Para defendernos trataremos conscientemente de suprimirlo, disminuyendo su motilidad y limitando nuestra respiración.

Estando uno quieto y conteniendo la respiración se puede suprimir el deseo y el sentimiento.

La contracara de la espontaneidad es el control. La espontaneidad es una función de la autoexpresión. Cuanto más viva es una persona más espontáneos son sus movimientos. El cuerpo es naturalmente expresivo, constantemente está cambiando para reflejar sus sentimientos internos. Normalmente, el control representa aquellos condicionamientos que el ego impone a la espontaneidad y tiene como objetivo producir una acción más operativa, rápida y eficiente. A través del control del ego la motilidad espontánea del cuerpo se encauza e integra para lograr un propósito. Un control sano por parte del ego no disminuye la espontaneidad del cuerpo. Cuando el control y la espontaneidad están integrados en el movimiento del cuerpo, el resultado es la coordinación.

Una persona saludable está bien coordinada en sus movimientos, es espontánea y sin embargo se controla.

Escucha tu cuerpo

Experimenta respirar cada vez menos
y mantente quieto, muy quieto.
¿Qué observas en tu cuerpo?
Luego desperézate, estírate, bosteza, aumenta tu respiración.
Repite nuevamente el primer paso.

¿Cómo notas tu musculatura?
¿Cuáles son las reacciones posteriores de tu cuerpo
cuando respiras con naturalidad?
¿Ha cambiado el tipo de respiración?
¿Cómo sientes tu musculatura ahora?

Las corazas

Durante los inicios de nuestra historia, nos encontraremos con miradas y manos suaves, trémulas, enérgicas, torpes, enojadas. Nos cruzaremos con gestos cálidos, envolventes o indiferentes, palabras contenedoras o distantes, abrazos calientes o una distancia que congela. Algunas respuestas nos generarán placer, otras dolor, otras no comprenderemos porqué suceden. Algunos, durante los registros no placenteros, se han animado a reclamar, tuvieron respuestas o fueron ignorados, se han animado entonces a duplicar o triplicar su reclamo y han obtenido respuesta o siguieron siendo ignorados.

Para defenderse contra los dolores, el organismo se contrae. Si este movimiento se repite, el organismo se encuentra en un estado de contracción crónica, creando una *armadura*, impidiendo la circulación libre de la energía hasta, en algunos casos, inmovilizarla.

Las corazas tienen una cara corporal y otra psíquica. La primera está constituida por la red de tensiones musculares, y la segunda por frustraciones, en especial con personas significativas que han convivido con nosotros durante los primeros años de vida cuando se desarrollan los bloqueos afectivos. Éstos se crean a través de sensaciones de atasco, de sentimientos y emociones apresados, pues las vías de expresión están obturadas, tanto, que en algún momento ni se contemplan ya, quedándose anestesiadas mientras el cuerpo va perdiendo su elasticidad natural. Así es como uno se acostumbra a vivir desligado de afectos y sucesos, ignorante ante las oportunidades de contacto real con uno mismo y con los demás.

Algunas de estas corazas se fundan bajo creencias aprendidas como *"hay que saber dominarse"*, *"no se puede demostrar el miedo si se quiere ser valiente"*, *"no hay que dejarse llevar"*, *"no hay que llorar porque eso implica vulnerabilidad"*, *"hay que callar y aguantar"*. Todas frases que, cuando se es niño no hay posibilidad de interpelar por miedo a perder protección o amor, por lo tanto, ante esas indicaciones de *buen* comportamiento, el rechazo es rápidamente sustituido por una resignada aceptación.

Desde edades tempranas, se combate la angustia tensionando algunas partes del cuerpo y conteniendo la respiración. La defensa funciona la primera vez y así se va instalando y adoptando el mecanismo para situaciones futuras. Al encontrar *comodidad* en esta forma de protección contra el displacer, se supone que *estamos a salvo*; sin embargo, el costo será alto porque a mediano o largo plazo se perderá la capacidad para el placer. Así se forma la coraza muscular.

El bloqueo afectivo genera un acorazamiento contra el placer y el displacer. Según sus grados se restringe la manifestación del odio y también del amor. Se condiciona el paso de las lágrimas y de la risa. No brota la rabia y tampoco la calma.

Nuestras corazas condicionan nuestra posibilidad de satisfacción y, en algunos casos, amenazan el equilibrio emocional. Aunque el cuerpo se muestre armonioso y coherente puede estar muy acorazado, porque en su interior se libra una batalla sorda, muda e incluso inconsciente para poder organizar tanta emoción guardada que, a veces, puja por salir. Por todo esto, estar bloqueado afectivamente no siempre responde a la imagen de quien no se expresa. La manera como se presenta al mundo, es solo una forma y llegar a las corazas merece un recorrido de muchas capas internas musculares y de experiencias de vida.

El cuerpo tiene la capacidad de recuperar sus funciones naturales, siempre que se consiga liberar aquello que lo atrapa. Por lo tanto, el trabajo psicocorporal se orienta a ablandar las rigideces de la musculatura para desbloquear las corazas que impiden crear y mantener relaciones genuinas.

GERMÁN una vez me comentó: *"Estoy preocupado porque hace tiempo aparece una rara sensación de inquietud en mi cuerpo, como si guardara un problema. Tengo angustia, preocupación, pero no puedo identificar qué me sucede. Me despierto de madrugada y luego no puedo recuperar el sueño, me olvido de las cosas, sigo de largo en semáforos con luz roja. Vivo distraído. Pero mi mente me dice que soy afortunado, hago lo que deseo, tengo una esposa preciosa, y dos hijos maravillosos. Todo va muy bien, pero… ¿por qué siento esa molestia en el pecho?".*

Germán no era consciente de cierta información guardada dentro de su cuerpo, es decir, de la memoria afectiva que comenzaba a vociferar a través de la angustia o el insomnio. Con el tiempo él había perfeccionado sus defensas, ya que le permitían lidiar con emociones escondidas dentro de su coraza. Pero sucedieron cosas en su vida que, sin controlarlo, comenzaron a limarla. Necesitó realizar un trabajo de recuperación histórica para tantear qué había reactualizado sus angustias. Es decir, un trabajo de regreso a las fuentes afectivas.

La negación es uno de los mecanismos de defensa que el inconsciente utiliza para proteger al mundo psíquico de experiencias impactantes y es lo que puso en práctica Germán para *no ver* a quien no lo respetaba, valoraba y justificaba. De esta manera, *sostenía* situaciones armándose con pensamientos *positivos* y, al mismo tiempo, apretaba su musculatura y emociones sinceras. Con el culto al pensamiento positivo, le fue fácil dejar en las profundidades resquicios de malestar, mientras seguía cargando el peso de lo no concientizado y expresado advirtiendo la angustia y el peso de la insatisfacción vestida de complacencia.

Recordar, desde el punto de vista psicocorporal, es hacer presente fragmentos de existencia, es avivar el desfile de escenas pasadas. En ese instante, el pasado sobreviene, pasa por el corazón. Aparece un fresco flamante, ciertos detalles. Una escena cobra sentido. Sale a la superficie de la conciencia algo que estaba unido a una nebulosa. El cuerpo ha seleccionado, la mente no traiciona ni tampoco se esfuman los acontecimientos. El presente y el pasado están uno junto al otro vinculados por la magia de la fusión entre palabra, imagen y movimiento. Una melodía, una mirada, un toque y la memoria advierte la presencia de escenas que emergen con cierta velocidad, una después de la otra hasta que anuncia la recomposición de una trama diferente. Del pasado al presente y en el transcurso, la conciencia de lo acorazado.

Estar presente: la maravilla del enraizamiento

El cuerpo habla a través de nuestra presencia. Aprender a entrañar sus códigos implica un trabajo de sutil y profunda labranza. Los vuelcos del corazón se inscriben en el cuerpo. Arde a través de la piel cuando siente reconocimiento, resplandece cuando percibe el amor, se surca cuando advierte dolor, se enciende cuando deviene el calor de la excitación, se bloquea cuando nota la frialdad de la desconfianza. Habla balanceándose sin parar cuando hay ansiedad, se entorpece cuando hay nerviosismo y tiembla cuando hay miedo. Nuestra cultura jerarquiza la excelencia en el desarrollo de un perfeccionado lenguaje verbal y, a veces, desmerece el sorprendente y sanador lenguaje corporal. Ambos pueden complementarse si buscamos la integralidad. El cuerpo no miente.

Esta manera de abordar los conflictos existenciales requiere de una cuidadosa lectura corporal que parte de la observación postural y, poco a poco, va indagando en las etapas de los procesos de enraizamiento.

El enraizamiento es una fuerza interna física, emocional, mental, que se va adquiriendo durante la vida.

El **enraizamiento** o arraigo, es decir el grado de nuestra conexión con la tierra o con nuestro propio cuerpo, se relaciona con nuestra seguridad emocional-corporal. De acuerdo con nuestro desarrollo vital y los modos en que nuestras relaciones de apego se han establecido, los pies y las piernas tenderán a un sólido o débil contacto con el suelo. Arraigarse implica renunciar a las ilusiones. En la medida en que nos enraizamos en la realidad de nuestro cuerpo y tomamos contacto con los sentimientos, podremos relacionarnos de manera más plena con los demás. Lograr estar arraigado sólidamente nos proporciona equilibrio físico y emocional y, además, autoconfianza.

El relato de **ARIEL** pone de manifiesto una experiencia de enraizamiento: *"Lo identifiqué en un sueño. El color ha entrado bruscamente en mí cuando advertí la mirada especial de mi madre. Una densidad crecía y crecía dentro. El cuerpo se me agitó, los latidos corrían más y más deprisa. Se movía el corazón y las piernas. Ondulé por dentro a la vez que me zambullí en mis sombras. Me quedé atónito ante un relámpago que me iluminó. Advertí activarse una especie de raíces que creía marchitas y que comenzaron a extenderse desgarrando una maraña de nudos internos. Al despertarme, sucedió algo mágico, avancé hacia una dirección y luego hacia otra mientras volvían a mi mente los ojos de mi madre. Entonces las palabras se despertaron, salieron de la oscuridad. Me hundí desde las plantas de los pies y confesé eso que me había dolido tanto. Estoy enraizado en el centro de la tierra.*

Mi cuerpo se ha convertido en un tallo fuerte. Y vuelvo a caminar. Todo cambió y se iluminó. El pulso comenzó a latir diferente, con más fuerza. Detrás de los ojos todo bailó. El cuerpo antes anestesiado, fue despertándose. Caminé con naturalidad porque deslizaba las plantas de los pies fácilmente".

Ariel había perdido a su madre desde muy pequeño y no tenía registro de ella, hasta se había olvidado de su rostro. El día que la visualizó en sueños, me contó que al pisar fuerte la tierra percibió como una corriente circulándole por el cuerpo y la sensación de que algo se soltó y lo llenó de júbilo. Advirtió que la tierra lo sostenía, confió en su propio apoyo. Luego se dejó llevar por la fuerza de su suelo, que fueron, ni más ni menos, que sus decisiones. Y, así, se entregó a ese sagrado toque que se afianzó, más y más, atravesando la magia del enraizamiento.

La sensación de enraizamiento suele advertirse como teñida de cierta magia. Sin embargo, es algo concreto que va más allá de presionar el suelo con los pies. Es una acción que involucra física, mental y emocionalmente al conjunto del cuerpo. En este proceso construimos una nueva presencia, más segura. Advertimos la sensación de no desmoronarnos ante la actualización de ciertos traumas. En algunos casos, se supera el miedo irracional al dolor experimentando en detalle cómo va cediendo, entendemos los mecanismos y entornos que producen las tensiones. Toda una realidad que, concientizada, se transforma corporalmente en alivio.

Mantener en todo momento las rodillas ligeramente flexionadas, sin bloquearlas, facilita la aparición de las vibraciones en la zona inferior del cuerpo. Nuestras rodillas son amortiguadores de la tensión corporal. Cuando se ejerce una leve presión sobre la tierra flexionándolas con suavidad, se abren canales para que la energía circule con fluidez. Si las rodillas se estiran, la circulación se bloquea, la fuerza es atrapada en la parte inferior de la espalda, produciendo una condición de estrés que dará como resultado trastornos en esa zona.

Cuando permanecemos de pie, aconsejamos mantener siempre nuestras rodillas semiflexionadas, así permitimos que la energía retenida se redistribuya desde la planta de los pies hacia arriba mediante un movimiento ondulatorio.

El trabajo psicocorporal con los pies y las piernas representa una prioridad en el trabajo terapéutico dado que implica la búsqueda del soporte energético. Poder sentir los pies sobre un terreno firme se compara con *hacer carne* el principio de realidad. Esto quiere decir que, cuando nos referimos al grado de conexión de la persona con la tierra y con su propio cuerpo, reconocemos en el suelo nuestra base y en su equivalente simbólico de la realidad.

"Alexander Lowen y John Pierrakos —sostiene Luis Gonçalvez Boggio en Arqueología del Cuerpo— comienzan usualmente su trabajo terapéutico por las piernas y los pies. Esto ayuda a abrir un reservorio energético en la pelvis para los impulsos que más tarde fluirán hacia abajo desde la cabeza. Tanto Alexander Lowen (Análisis Bioenergético) como John Pierrakos (Core Energetics) aconsejan que, al estar bloqueadas las partes inferiores del cuerpo, el trabajo corporal en terapia se empiece de los pies hacia la cabeza para evitar que se acumule tanta energía en la cabeza, al no tener salida por los pies. El contacto de los pies con el suelo representa, desde el punto de vista bioenergético, un contacto con la realidad".

El enraizamiento es un proceso donde la excitación fluye a lo largo de todo el cuerpo, de la cabeza a los pies y de los pies a la cabeza. Se busca que el flujo de excitación posibilite aumentar la vitalidad utilizando de soportes a las piernas y a los pies para equilibrar las emociones y aumentar la respiración.

La toma de tierra supone que la persona, descienda, baje su centro de gravedad, que se acerque a la tierra, para explorar la sensación de seguridad sobre su cuerpo.

Mabel Elsworth Todd, en su libro *El cuerpo pensante*, publicado por primera vez en 1937, hizo esta observación: *"El hombre se ha visto absorbido con las porciones superiores de su cuerpo en tareas intelectuales, y en el desarrollo de talentos de la mano y del habla. Esto, en añadidura a falsas nociones concernientes a la apariencia de salud, ha transferido su sentido del poder desde la base a la cima de su estructura. Al utilizar así la parte superior del cuerpo para reacciones de poder, ha invertido la costumbre animal, y ha perdido en gran medida tanto la fina capacidad sensorial del animal como su control del poder centrado en los músculos inferiores de la columna y en los músculos pélvicos".*

La zona inferior de nuestro cuerpo, la que necesitamos revitalizar, es de naturaleza animal en sus funciones (locomoción, defecación y sexualidad) y la parte superior (pensamiento, habla y manipulación del entorno) una zona muy desarrollada por nosotros. La primera es más instintiva y menos sujeta al control consciente; en ella residen las cualidades del ritmo y de la gracilidad. Al *colgarnos* nos elevamos y, al mismo tiempo, alejamos la mitad inferior del cuerpo, esto deriva en una pérdida de ritmo y coordinación natural.

La idea de estar arraigados representa la equiparación de la seguridad emocional con la seguridad corporal. Es un modo de entender de qué manera nos sostenemos en nuestra vida estimulando el registro de lo corporal y especialmente la sensibilización de las piernas hasta que se sientan como *raíces móviles*. Estar enraizado implica un alto grado de autoconocimiento (saber y aceptar quien soy); desarrollar el enraizamiento, significa estar de pie y defender lo que es importante para nosotros (*"esto es nuestro y lo voy a cuidar*"). Por otro lado, es estar más sensible. Y al estar nuestras piernas más sensibles podemos ceder, tornarnos más humildes y admitir nuestra fragilidad.

Durante los procesos de enraizamiento hay períodos de transición donde emergen sentimientos de temor. Uno de ellos es el *miedo a la caída*. Es una etapa que se ubica entre el estar *colgados* y tener los pies plantados sólidamente en tierra. Quienes comienzan a desprenderse de sus ilusiones intentado bajar a tierra suelen sentir sensaciones de vacío, temor a lo desconocido y ansiedad de caer y lastimarse. La impresión es que no hay un suelo firme. En estos casos subyace el miedo a soltarse, sostenerse sobre sus pies, de quedar solo o consigo mismo.

Si una persona tiene buen grado de enraizamiento puede tolerar su propio dolor y avanzar hacia una instancia de trabajo más profundo.

Escucha tu cuerpo

Ponte de pie y observa, sin modificar tu postura,
cómo se hallan tus piernas.
¿Están completamente estiradas
o naturalmente semiflexionadas?
Fíjate si te has identificado con la primera opción
y luego flexiona ligeramente las rodillas.
Sube y baja las rodillas muy lentamente.
En una lentitud exageradamente calmosa,
¿notas alguna diferencia?
¿Surge alguna vibración?
La primera vez realízalo durante dos minutos
y luego poco a poco aumenta hasta llegar a los cinco.
¿Qué sensaciones generan las vibraciones en el cuerpo?
¿Cómo sientes las plantas de los pies a medida
que aumentas el tiempo de permanencia en la postura?

Cuando el silencio se hace cuerpo

Estar en silencio significa estar atento y a la escucha de nosotros mismos de forma global. A la escucha de nuestro cuerpo, de nuestros sentidos, de nuestras emociones, de nuestros pensamientos. Los momentos de silencio son fundamentales para nuestro equilibrio interior.

Unos minutos de silencio pueden calmarnos, sintonizar nuestra conexión interior y hacernos escuchar pensamientos más recónditos. Hay modos diversos de *entrar en silencio*, porque ese instante es *engañoso*. Solo se siente el silencio cuando nos vaciamos de pensamientos. Y es allí cuando aparece la conexión con el cuerpo y, desde una mirada espiritual, con lo divino.

Como lo he mencionado, el pensamiento maquinal se ha vuelto en uno de los peores y más persistentes contaminantes de la paz interior. Ese ruido interno, que suele estar invadido por voces que juzgan, no es fácil de silenciar porque funciona como un juez interno que nos dictamina lo que debemos decir o sentir. En este caso surge el silencio del bloqueo, no saber qué voz atender. Si nos enredamos en todas ellas, deviene la sensación de pantano y de laberinto sin salida. Por eso, no todos los silencios nos vitalizan.

Este proceso requiere un entrenamiento para atenuar o, quizá, detener todas las interferencias externas, por lo menos durante unos pocos minutos al día. Solo así le daremos chance al cuerpo para que nos lleve a lo que realmente sentimos sin temores, para que nos ayude a reflexionar sobre aquello que deseamos, para generar contacto con las señales que nos envía y despertar la creatividad hacia el cambio.

No aconsejo la exploración del silencio absoluto porque es una meta poco probable, al menos en los inicios de esta búsqueda.

Los pensamientos están, circulan, solo que el entrenamiento invita a calmar su ritmo, aletargarlos con el fin de que no acosen, cansen o estresen.

El silencio nos conduce a espacios muy íntimos, por eso, es común que surjan momentos incómodos en los que podemos toparnos con sensaciones de vacío, tristeza, angustia o dolor. Recordemos el beneficio que el contacto con el dolor genera, y aquí sumamos otro canal de acceso.

Un modo muy provechoso de encontrarse con la creatividad es cultivar la búsqueda de nuestro mundo interior, sin predecir si nos producirá tranquilad o intranquilidad, sino atentos a recibir lo que nos muestre con autocompasión. Para llegar a instantes de paz es necesario recorrernos, habitarnos y el silencio es un entorno muy propicio para hacerlo *limpiamente*, es decir, evita interferencias que nos alejen de nuestra realidad.

Dentro nuestro hay mucha información significativa que necesita expresarse y es bloqueada por diversos mecanismos, uno de ellos es vivir por fuera del cuerpo.

Cultivar la vida consigo mismo es transitar un camino de desapego con las tentaciones de la vida mundana. La frenética búsqueda de mayores posesiones, la satisfacción inmediata de las necesidades y deseos, son necesidades externas más vinculadas con la comodidad superficial que con la comodidad profunda. Ésta nos acerca a la estabilidad emocional y requiere de un proceso físico, mental y afectivo de estar con nosotros.

Una de las razones que respaldan la dificultad de que el silencio se haga cuerpo es cultural. Desde una mirada global, una de las principales características de nuestra cultura occidental es la promoción del ruido. La *contaminación acústica* se multiplica cada vez más por la acelerada urbanización de las tierras. La expresión "contaminación acústica" hace referencia al ruido, sonidos excesivos y molestos, provocados por las actividades humanas como el tráfico automotor, las industrias, boliches bailables, entre otros. Lugares que producen efectos negativos sobre la salud auditiva, física y mental. Es decir que los sonidos molestos pueden producir efectos nocivos fisiológicos y psicológicos para una persona o grupo de personas. Este ruido que recibimos nos afecta de manera invasiva: a veces, entra violentamente, otras de manera más sutil.

Tenemos la posibilidad de liberarnos de los ruidos contaminantes, de construir un sistema inmune con un entrenamiento sostenido. El reto es permanecer en silencio en medio del ruido. Pero antes hay varios pasos que transitar.

En principio, callar el ruido interno no solo es una conducta, sino que es un estado que se va adquiriendo hasta que puede sostenerse sin la voluntad de encontrarlo. Se convierte en una experiencia alquímica en el que al principio estarás escuchando al mundo entero llenarte con sonidos, y después, de un momento a otro, la conciencia aparecerá y serás capaz de escuchar la ausencia total del sonido, el centro de la vida. *¿Por qué encontrar el silencio interno es una experiencia alquímica?*

La alquimia es el estudio experimental de los fenómenos químicos que se desarrolló desde la Antigüedad y durante la época medieval, y que pretendía descubrir los elementos constitutivos del universo, la transformación de los metales, el elixir de la vida. Es una creencia que está vinculada a la transmutación de la materia. Las prácticas y experiencias de la alquimia fueron clave en el desarrollo original de la química. Los alquimistas buscaban la piedra filosofal para transformar cualquier metal en oro. Incluye nociones de la química, la física, la astrología, la metalurgia, la espiritualidad y el arte. El misterio y la magia que rodean a la alquimia han dado lugar a que en el arte y en sus diversas ramas, incluyendo el arte culinario, se desarrollen un amplio número de creaciones que giren en torno a esta idea. En la actualidad, está muy asociada con la búsqueda de la transformación como un proceso de lentas y artesanales maniobras, así como lo hacían los alquimistas con sus disoluciones y fusiones. En ese interjuego de las mutaciones sustanciales se encontraban con un renacimiento material hasta obtener una sustancia más pura y hermosa.

Desde esta concepción actualizada de alquimia concibo la búsqueda del silencio. Como una búsqueda sostenida de la contemplación interior que nos invita a pasar por diversos estados y en ese transcurrir nuestro cuerpo va transmutando, porque hay modificaciones en los ritmos internos, la organización rutinaria, la mirada de la vida, entre otras cosas. Y esa búsqueda pasa por etapas, transiciones, hasta poder encontrarse con la contemplación. Cada momento nos ofrece la posibilidad de realizar este acto divino. Es una observación atenta, detenida y calma de nuestra realidad asociada al silencio mental. Esos instantes que, al principio son muy cortos, son actos de autorreconocimiento en los que comenzamos a encontrarnos con lo que realmente somos.

El *método de la contemplación* toma de la práctica alquímica la concentración o destilación, donde se advierte internamente una sensación de fluidez, como los procesos experimentales, gracias a la expansión y apertura que genera una respiración ampliada que permite hacer circular energía, que abre espacios y tranquiliza la mente.

Este milagro del silencio interno es la fuente que fluye a través de la mente y que puede configurar nuevas realidades. La mente directiva es absorbida por este milagro y, durante ese momento, no regresa a lo perturbador.

Hay que pasar por intermedio de la magia espiritual, donde el ser íntimo se devela, para comprender y valorizar nuestra sustancia esencial y soltar lo impuro y contaminado.

Sin embargo, insisto, esta magia se vive por instantes. Propongo hacer consciente esos sutiles mensajes que oímos en los medios masivos o en nuestro entorno cotidiano que entiende el silencio como un vacío que requiere ser rellenado, un tiempo improductivo. Por esto colmamos nuestra jornada de sonidos —reales o virtuales— que ocupen esa nada. Encendemos la televisión al llegar a casa, aunque no la miremos, o la radio, aunque no la escuchemos: lo importante es que no haya silencio. Lo más preocupante es que, cuanto más vivimos en el ruido, más lo necesitamos. El ruido somete. Es una explosión de estímulo constante. Si bien hacen parecer al silencio como sospechoso, en realidad se trata de un proceso profundamente sanador.

Con solo *aprender a esperar* estamos generando la disposición para iniciar este proceso. Hacer una pausa mínima al principio y al final de una frase o callar durante espacios más prolongados pueden ser el inicio de este camino.

Lejos de crear un vacío, *el silencio es un espacio lleno de sentido* que nos pone delante muchas revelaciones, nos salva de ahogarnos en detalles urgentes a los que acudimos de manera inmediata.

Escucha tu cuerpo

Busca un sitio cómodo.
Siéntate o acuéstate en una superficie dura.
Cierra los ojos.
Permite que el cuerpo se suelte, entrégate
a los apoyos de los pies sobre la tierra.
Los ojos y los oídos descansan.
El cerebro calma sus ondas.
Déjate llevar por una voz que propone y acompaña.
Concéntrate en el centro del cuerpo.
En ese espacio entre el ombligo y el pubis, y respira hacia allí.
Siente tu presencia.
Respírala.
Percibe las tensiones e imagina que se abren canales.
Observa cómo esas tensiones circulan por esos caminos
hasta soltarse y ser absorbidas por la tierra.
Siente tu presencia.
Respírala.

Espontaneidad, autoexpresión y movimiento

La corporeidad en tanto percepción de los cuerpos y la disponibilidad motriz que le da expresión, son dos piezas fundamentales que componen la savia del movimiento. Cuando percibimos *nos dejamos afectar*, disponemos los cinco sentidos para lograr vivir el encuentro con nuestro entorno.

Como ya lo mencioné, la corporeidad es la percepción individual del cuerpo como canal, vía, que nos permite establecer vínculos emocionales cuando nos comunicamos con el otro. Corporeidad que se interpreta desde el dejar hablar al cuerpo y escucharlo para comprender sus mensajes y actuar en consecuencia. Por otro lado, la disponibilidad motriz es una acción intencionada y consciente que, además de vincularse con las características físicas motrices de cada uno de nosotros, incluye factores subjetivos, emocionales, que afectan el tipo de movimiento que realizamos.

La idea de corporeidad entrelaza:

- el cuerpo físico: la observación de nuestros movimientos;
- el cuerpo emocional: la atención a los sentimientos que se asocian con esos movimientos;
- el cuerpo mental: los procesos de diálogo y reflexión que se desprenden de esa relación entre movimiento y emociones;
- el cuerpo cultural: la influencia de la historia familiar, las posturas y los movimientos aprehendidos fruto de la crianza y la influencia de la cultura local;
- el cuerpo inconsciente: todas las disposiciones que subyacen a nuestro modo de actuar y no las advertimos.

Afirma Le Breton en su ensayo *El Cuerpo y la Educación* que *"las percepciones sensoriales y la expresión de las emociones parecen la emanación de la intimidad más secreta del sujeto, aunque también estén modeladas social y culturalmente. Los gestos que alimentan y coloran su presencia no provienen de una fisiología pura y simple, ni de una única psicología, una y otra se superponen a una simbología corporal que les da sentido, se nutren de una cultura afectiva que cada sujeto vive a su manera"*.

En las sesiones de la terapia psicocorporal intento *dejar hablar* al cuerpo en sus gestos, en sus movimientos, en sus posturas, en sus imágenes y en su sensualidad. La expresión corporal implica una vía para que el cuerpo se manifieste en libertad despejando los mecanismos que nos llevan a la docilidad y al disciplinamiento.

Para ello es importante entrenar la capacidad de observación y registro corporal. El fenómeno de la observación requiere de una preocupación por buscar información valiosa en el cuerpo y una vez identificada focalizar allí. Es algo así como realizar un *zoom atencional* en las voces del cuerpo que necesitan ser escuchadas.

La autoexpresión y la espontaneidad son dos conceptos que podríamos hermanar en la búsqueda del bienestar y la libre expresión. Denomino *autoexpresión* al modo en que cada individuo se expresa a sí mismo mediante la cadena de acciones que lo impulsan a actuar. Éstas no solo comprenden las acciones y los movimientos corporales, sino también otros elementos significativos como la forma y calidades de desplazamiento y los efectos de éstas en cada zona corporal: color de piel, brillo de los ojos, frescura o rigidez en gestos, tipo de miradas, tono de la voz.

Según Abraham Maslow en su ensayo *La personalidad creadora*, *"la plena espontaneidad es garantía de la expresión sincera de la naturaleza y estilo de un organismo en libre funcionamiento y de su unicidad"*. Esta manifestación sincera aúna espontaneidad, placer y autoexpresión.

El placer es la clave de la autoexpresión porque cuando estamos verdaderamente expresándonos, experimentamos gozo. Esto se traduce corporalmente desde la fluidez, gracilidad, poco desgaste de energía física, emocional y mental, lo cual genera liviandad en los movimientos. Sin embargo, lo cierto es que en la mayor parte de nuestras acciones hay una mezcla de espontaneidad y control, y este control sirve para realizarlas mejor y producir un mayor efecto. Cuando se armonizan control y espontaneidad, de forma que se suplementen en lugar de entorpecerse, el placer alcanza el grado máximo. En cambio, el bloqueo de la autoexpresión automatiza o mecaniza los movimientos. Una de las tantas causas de esta limitación es la reproducción cotidiana de mandatos y/u obligaciones que enmascaran ese impulso natural. Estas se manifiestan en descoordinación, espasticidades, tensiones que dominan el cuerpo y le hacen perder gracia y sentimiento a las acciones.

Todos tenemos un cuerpo con potencial para expresarse y expandir su capacidad de creatividad. Un cuerpo a la espera de ser habitado para poder vivir con menos tensiones y dolores a partir de poder expresarse a sí mismo. Para llegar a este estado, es necesario potenciar la expresividad, desde sus diferentes canales de comunicación verbal y no verbal.

Volviendo a la interconexión entre espontaneidad, placer y autoexpresión, agrego que, la espontaneidad es la cualidad esencial de la autoexpresión, porque no contiene ningún tipo de interferencia. El algo que no puede enseñarse qué es.

El movimiento expresivo es como la vida, solo se siente cuando se vive intensamente buscando, cada vez más, la espontaneidad.

La sensación de estar vivaces y atravesar la savia de cada emoción se logra cuando vibramos energéticamente. Esto merece un lento y profundo registro de las voces del cuerpo.

Un testimonio interesante para expresar la autoexpresión y espontaneidad es el de Eliana Bonard, bailarina y profesora de la técnica de Fedora Aberastury y de improvisación por contacto, en mi libro en coautoría con Patricia Arias, *Sentir y Pensar la Educación Física*: *"Consignas simples como abrir para dejar pasar, médula a la tierra, abrir cada uno de los dedos de los pies para comenzar a individualizarlos. Éstas fueron las primeras llaves que a mí me permitieron habitar mi cuerpo en expansión. Recuerdo la emoción que sentí la primera vez que mi brazo comenzó a moverse solo y luego contagió a todo mi cuerpo en el espacio. Evocar simplemente un pensamiento-palabra, a modo de mantra y dejar fluir el cuerpo en el espacio, llegar a ese instante sublime donde pensamiento, palabra y acción son una unidad. Lanzar, abrir y plegar, son dinámicas que llevaban a mi cuerpo a bailar por sí mismo en un estado de presencia y alegría. La danza que me había pertenecido desde siempre comenzó a manifestarse. Momentos de éxtasis y verdadero placer. De conciencia plena, de Ser en el devenir de la danza. Sentirme una con el mundo, con el cosmos"*.

La experiencia emocional como fenómeno corporal

Existen diversas formas de vivenciar el mundo que va desde una percepción que pone en juego todos los sentidos y permite que cada uno de los hechos se viva intensamente, hasta un modo de experimentar el entorno de manera enajenada y alienados de las emociones.

Un cuerpo con miedo a sentir suele vivir experiencias desconectado de su sí mismo, de sus auténticas emociones. Funciona como un ser hipnotizado cuyos actos entremezclan la desidia con la mecanicidad. Para poder ayudarlo a sentir aquello que teme propongo estimular su memoria corporal. La memoria corporal es el registro de información del cuerpo que guarda el inconsciente. Hablamos de emociones, temores, deseos y aspiraciones que pueden movilizarse si avivamos huellas, marcas del pasado que las reeditan. La memoria corporal se vivifica durante los procesos de comunicación, es decir, mediante los vínculos que establecemos con otros seres u objetos. Nuestra piel recibe permanentemente el contacto de los otros y de los objetos que nos rozan. Pero es solamente a través de volverlo consciente que se modifica la sensación y la cualidad del mismo. En este contacto con la evocación, captamos texturas, temperaturas, sensaciones de liviandad o peso que nos generan algún impacto emocional. Por ejemplo, palpar ciertas texturas ásperas o suaves nos lleva a recuerdos de la infancia, la adolescencia, o la juventud. Al sentirlas sobre el cuerpo las percibimos con agrado, tristeza o enojo. Tal vez observamos un florero o una plaza y deviene una melancolía angustiosa. Todo lo que vamos encontrando al paso resuena, solo que algunos encuentros impactan más que otros. Los dolores tienen historia y cuando ahondamos en aquella fuente que los reedita se activa la memoria corporal.

Durante las sesiones terapéuticas primero genero un clima para que el silencio se haga cuerpo, la quietud suele llevar a algún lado de nosotros mismos y la mente dibuja imágenes despejando escenas. Luego se elige una, y en ese instante se refrescan alegrías, temores, enojos, tristeza. De acuerdo a la emoción resurgida el cuerpo se expresa y emite su voz.

Recuerdo el caso de **GUADALUPE**. Ella era diestra por obligación ya que había nacido zurda. Este fue un dato que descubrí el día que comenzó a golpear muy fuertemente sobre un colchón con su mano izquierda. Al ingresar traía enojo por la desaprobación de un examen de su hijo adolescente. Ella vivía continuamente enojada con él por su bajo rendimiento escolar. Lo que ocurrió fue que, al instante que inició la descarga, emergió un recuerdo enterrado muy hondo. Cuando movió el brazo izquierdo desenterró a una maestra de la escuela que le había atado su mano izquierda detrás de la silla para que entrenara escribir con la derecha y allí soltó todo el enojo que semejante situación le había generado. Luego se desataron otros recuerdos escolares como aquella profesora que repetía casi con sadismo aquellos datos históricos olvidados por ella y la humillaba delante de todos sus compañeros de clase. Inmediatamente, también se hizo nítido el comedor de la escuela que siempre olía a carne y los aceitosos retratos que colgaban de la oficina de la directora. En ese golpe con el brazo y mano izquierda, actualizó toda la bronca guardada. Golpeó una y otra vez para llamarse a sí misma, para desintoxicarse de ese dolor antiguo. Y en tan solo cinco minutos, el pulso comenzó a latir dentro de ese brazo y se expandió con más fuerza por el otro para continuar por el pecho. Algo se desbloqueó, el cuerpo se hizo más liviano y le pudo decir *"¡Basta!"* a todos los maestros y directores que la habían humillado.

El pasado está en nuestro cuerpo; todos entrañamos una historia de sensaciones en él. La terapia psicocorporal nos invita a sumergirnos en la memoria corporal acortando la distancia entre pasado y presente. *Los dolores tienen historia* y cuando ahondamos en la semblanza de ese dolor, desde la lectura corporal, aparecen interesantes hallazgos. Se propone la posibilidad de un registro histórico diferente, más experiencial, que se expresa a través del cuerpo primero y de la palabra después.

El eco de las palabras y los sonidos

Roland Barthes en *El susurro de la palabra* sostiene que *"La palabra es irreversible, esa es su fatalidad. Lo que ya se ha dicho no puede recogerse, salvo para aumentarlo: corregir, en este caso, quiere decir, cosa rara, añadir. Cuando hablo, no puedo nunca pasar la goma, borrar, anular; lo más que puedo hacer es decir 'anulo, borro, rectifico', o sea, hablar más"*.

El científico japonés Masaru Emoto, doctor diplomado y licenciado en Medicina Alternativa y graduado en Relaciones Internacionales en el departamento de Humanidades y Ciencias de la Universidad de Yokohama, se ha dedicado a la investigación de distintos tipos de agua, tales como el agua en el cuerpo humano, el agua que ingerimos en la vida cotidiana, el agua en la Tierra. Por medio de fotos de cristales de agua congelados a cierta temperatura, Emoto experimentó cómo las palabras afectan a esas moléculas de agua. Captó, con instrumentos especiales, formas geométricas armónicas o deformes según las vibraciones energéticas del entorno o las palabras sobre estas moléculas. En su libro *Mensajes ocultos del agua* comentó que *"el agua lejos de estar inanimada está realmente viva y responde a nuestros pensamientos y emociones"*. Montó un centro de investigación en Japón con una meta bien definida: demostrar que los pensamientos y las emociones humanas pueden alterar la estructura molecular del agua y por consiguiente cambiar nuestro universo interno, dado que el cuerpo está compuesto por un 70 u 80 % de agua.

El agua tiene memoria y es portadora de información. Masaru Emoto descubrió que las moléculas del agua cambiaban sus formas dependiendo de los estímulos que recibían. En la investigación que realizó durante más de veinte años, pudo comprobar que *"el agua no sólo almacena información, también guarda sentimientos y conciencia. Toda información que alberga en su estructura se hace visible cuando se fotografía una gota de agua en estado de congelamiento"*.

Cuando estas moléculas eran expuestas a palabras de amor y pensamientos como *"Gracias"*, a la música de Tchaikovsky, a cantos gregorianos, se agrupaban creando formas maravillosas. Cuando el agua recibía frases del estilo *"te odio"*, *"no sirves para nada"*, música estridente y otros estímulos de baja frecuencia, cobraban formas muy diferentes. *"Cuando tenemos un pensamiento y le otorgamos energía considerándolo verdadero o enunciándolo, el patrón vibratorio es almacenado en el agua de nuestro cuerpo y su manifestación corresponde a una vibración. Así, influimos en nuestro entorno. Algunos reaccionan a ello y entonces, recibimos el feedback que refuerza nuestras vibraciones"*.

Considerando las conclusiones de Emoto la pregunta es *¿cómo afectan, entonces, los mensajes que recibimos y los estímulos a los que está expuesto nuestro cuerpo si estamos constituidos en un 70 u 80 % de agua?*

El movimiento, las palabras y la expresión de las emociones son un espiral porque nos llevan y nos traen, del pasado al presente, porque nos permiten volver a percibir ciertas resonancias que se reeditan en vínculos. Esas resonancias nos permiten reencontrarnos con la huella en otro espacio y lugar, y analizar ciertos contextos donde ha resonado para resignificarla. Esa vuelta del espiral, en oportunidades, nos fortalece.

En medio del movimiento, *la memoria corporal despierta voces*, desde algún lugar de la garganta, se nos quita la tranca del cuello y se arroja con pasión eso que por momentos nos atragantaba y ahora hace ruido. El eco de aquellas palabras sobre el cuerpo llega hasta las entrañas. Y esa resonancia es lo que da la fuerza para seguir andando. El bienestar de la existencia depende de no bloquear esa energía que se ha despertado y vitaliza. La energía fluye del cuerpo, reconoce viejas marcas y la registra diferente, aunque continúen latiendo viejos dolores, se abre un lugar para el cambio y esa es una señal de crecimiento.

La magia de la creatividad

Prestar atención a nuestro cuerpo en sus movimientos, en sus posturas, dolores y sentimientos, nos prepara para encontrarnos con las transformaciones personales de manera espontánea y sin temores. Cuando logramos contactarnos con escenarios diferentes de lo esperado nos situamos frente a un desafío: avanzar hacia lo distinto o volver a lo acostumbrado. El refrán popular *"Más vale malo conocido que bueno por conocer"* representa *la vuelta a lo seguro* y descarta la posibilidad de asombro, extrañeza, desconcierto, sorpresa que puede deparar la magia de la creatividad.

Rescatar esa mixtura entre lo reciente y lo remoto que encarnará lo nuevo, a veces, es aterrador. Lo naciente, lo fresco, lo que deja espacio para entrar a vivir con casi nada previsto requiere de mucha valentía porque necesitamos experimentar situaciones distintas y muchas veces incómodas que nos alejan de nuestras zonas de confort. Sin embargo, en ese intersticio entre lo viejo y lo nuevo hay un despliegue de potencial, una actitud audaz de atreverse a encarar lo que no se conoce.

Dice Gabrielle Roth en su ensayo *Mapas para el éxtasis* que "*el arte no es solo un realce ornamental de la vida, sino un camino en sí mismo, una vía de escape de lo predecible y convencional, un mapa para el autodescubrimiento*", por eso en el recorrido hacia el autoconocimiento se abre la posibilidad de experimentar ese arte. Para atravesarlo, necesitamos registrar y entrenar nuestra sensibilidad expresiva animándonos a explorar aspectos o rasgos personales expresados que, en algunas circunstancias, nos sorprenden por ser desconocidos. Encontrarnos con sensaciones de incertidumbre habilita la creatividad. El juego entre lo previsto, lo imprevisto y la eventualidad de lo incierto da sitio a la aventura y eso puede abrir una puerta hacia el disfrute.

Cuando un movimiento cotidiano, rasgo de carácter, actividad, se desarrolla reiteradamente, los cuerpos, a veces, quedan presos de esquemas. Tal vez hasta se entumezcan con la repetición o se vuelvan rígidos y adopten rutinas automáticas. Se aburren y se insensibilizan frente a respuestas que, en verdad, necesitan transformarse para evolucionar hacia algo mejor. Así, por momentos, se siente aburrimiento, hastío, pero no se sabe por qué.

Hay formas de contrarrestar esa inercia, solo es necesario observar cómo se manifiesta. Cuando los cuerpos parecen como programados y responden maquinalmente o con lo que el contexto impone, propongo escuchar las voces del cuerpo. Cómo se expresa esa inercia, qué sensaciones produce y en qué contextos se agudiza. El hecho de detenernos e intentar escucharnos es un primer paso para darle un lugar al movimiento y al cambio. A veces, es necesario detenerse y reflexionar ante estas situaciones para pensar otros escenarios posibles. Esto le da un eventual marco al cambio y modera esa incomodidad y/o temor ante lo nuevo.

¿Cuánto hay de programado y cuánto de improvisación en nuestras vidas? ¿Descansamos en la necesidad de predecirlo todo? ¿En las causas que siempre producen el mismo efecto? ¿Qué sucede si algo doblega la aparente quietud? Tal vez necesitemos ahondar en ese *algo*, en esa información valiosa que nos está alertando.

A menudo, un imprevisto activa la misteriosa lógica de lo ilógico y desmorona lo predecible. La exploración de aquello que surge, nos da la oportunidad de vivir experiencias intensas de improvisación y estimula la capacidad intuitiva. En este interjuego es posible que brote la magia de la creatividad. Por el contrario, cuando no hay posibilidades de salirse de lo conocido, partimos de un único punto de vista, nos perdemos de otros caminos alternativos, se reduce o restringe la amplitud de miradas y se pierde la visión de lo más preciado que se tenemos: la posibilidad de crecer y evolucionar. Lo impredecible es aquello que surge espontáneamente, por eso soy insistente en generar la habilidad de escucha física, emocional y analítica para poder identificar otros modos posibles de vivir experimentando.

Si integramos el arte en la mirada de lo cotidiano nos daremos libre permiso para expresarnos sin ataduras. Cuando uno se expresa, nadie conoce lo que va a decir, ni siquiera la persona misma. Tan solo cuando asume el compromiso de moverse, deja que algo en su interior fluya y elimina la necesidad de hacerlo de acuerdo a formas predeterminadas, creadas por otro.

A continuación, presento el caso de **NORBERTO** cuando expresó su sentir ante la magia de la creatividad: *"La calma y el silencio me permitieron autoconocerme y conectarme con mi* *cuerpo, emociones, sentimientos y pensamientos. Sentí el hastío y la rutina de mi vida laboral y familiar en mis hombros y en una de esas rutinarias mañanas de trabajo, me animé. Recurrí a la oficina del gerente y le solicité un cambio de área en la empresa. Este deseo fue un peso que cargué durante varios años. Tenía miedo. Cuando el gerente aceptó mi pase tuve la sensación de que el cuerpo se volvía más flexible y se eliminaban los dolores tensionales. La conciencia de mi respiración me dio serenidad y quitó dolores. Pasado el primer año, observé la cantidad de proyectos que había iniciado mientras, en los anteriores, había vivido aletargado sin que una sola idea brotara de mi mente".*

El valor del contacto

El autoconocimiento requiere un largo entrenamiento en el contacto.

Cuando hablo de contacto, me refiero a la relación con uno mismo y con los demás. Por otro lado, no solo apunto al acto de palpar, sino que incluyo la integración del resto de los sentidos (visión, escucha, olfato) y el compromiso afectivo de reunirse, encontrarse con uno o con la persona o cosa a quien contactamos.

Cuando usamos el contacto como herramienta de exploración interna nos mantenemos dentro de nuestra periferia y, cuando exploramos el mundo, salimos del límite exterior del propio cuerpo para pasar a un objeto o a otro cuerpo. Al salir de los límites de la piel, uno percibe lo que está tocando o radiando y puede comunicarse a través de las sensaciones que transmite y recibe con su cuerpo. Lo que se vive emocionalmente en ese momento sucede a través del cuerpo y no de la mente. Se trata de dirigir nuestra atención y nuestra energía hacia donde queremos hacer contacto consciente.

La primera palabra que acude a mi mente cuando pronuncio "contacto" es "piel", el órgano más extenso de nuestro cuerpo. Lo advierto como una envoltura, frontera entre el adentro y el afuera, que genera un límite entre nosotros y los demás y que, por medio de las percepciones, las sensaciones táctiles y energéticas, nos permite comunicarnos con el entorno. Filtra los estímulos y funciona como canal de acceso o bloqueo de las emociones.

La piel es un *envoltorio* que, a veces, puede volverse un verdadero caparazón de defensa contra las intrusiones exteriores, constituir una vía de acceso al gozo o funcionar como una fina capa desprotegida que recibe los estímulos *a carne viva* y nos confina a una desprotección absoluta. La piel filtra los intercambios, constituye una superficie de inscripción sobre la cual los estímulos externos vienen a dejar sus huellas. Por ejemplo, las diversas temperaturas impactan no solo desde el punto de vista puramente físico sino también psíquico y generan estímulos. Caricias calientes, toques fríos y tensos, experiencias que dan contención o perturban, pasan primero por la piel.

Las sensaciones de suave o áspero también resultan significativas y, en ocasiones, se filtran desde una mixtura de lo táctil y lo auditivo. Voces ásperas, roncas, que se combinan con toques de pieles tiesas o de músculos anudados, generan frialdad sobre la piel del que recibe y también de quien da. En cambio, un toque suave, amoroso, que sostiene el contacto un tiempo largo mientras se lo acompaña con una voz suave y afectuosa, probablemente genere calor en el cuerpo del receptor y en quien lo transmite.

Desde esta amalgama de estímulos vivimos nuestros primeros contactos a partir del momento en que nacemos. Estas relaciones primarias ejercidas por la madre, el padre y/o algún tutor significativo dejan huellas, que se inscriben y afectan los futuros modos de contactarnos con el mundo. En estos primeros encuentros circulan sensaciones como estremecimientos, excitaciones, sobresaltos, sacudidas, placer, incomodidad, asco, tranquilidad que, al procesarse y generar determinados registros de la realidad, construye modos de percibir el mundo.

Las percepciones implican la formación de una estructura compleja donde se integran los resultados de los registros sensoriales, los aportes de la zona de la memoria, los contenidos afectivo-emocionales, todo esto sobre una base donde se articula la herencia psíquica y social.

Las manos son el instrumento primario del tacto. Al palpar, exploramos el entorno. Al tocarnos nos conocemos, al ser tocados percibimos mensajes de los demás.

He recibido mucha gente que ha padecido la privación del contacto corporal durante los primeros años de vida. La impronta de esta carencia los lleva a necesitar ser tocados, pero no se atreven a solicitarlo.

Recuerdo el caso de **VANINA**. En un momento de su trabajo terapéutico ella tomó conciencia de que no existían en su vida conversaciones personales, es decir, consigo misma. Siempre el interlocutor era otro. Vivía hacia afuera. El día que decidió viajar sola a la costa atlántica, se sentó frente al mar y advirtió con intensidad el sonido del agua, el movimiento de las olas. Esa sensación la llevó hacia una actitud meditativa. Pudo hacer conexión consigo misma. El aire de la playa penetró por los surcos de su piel y, a medida que respiraba, despejaba su mente. Iban brotando imágenes, pero se aparecían muy tranquilamente, sin acosarla ni generarle cansancio mental. Apoyó una mano sobre la otra y palpó sus venas; luego siguió palpando el resto del brazo y notó que había recibido muy pocas caricias en su vida. Ella vivía apurada y no había tiempo para el afecto. Esa sensación la transportó hacia su infancia y adolescencia y notó que era muy parecida a su madre, una artista muy reconocida que vivía fortaleciendo una imagen de *mujer ocupada* sin contacto con los hijos. Hasta ese momento la había admirado profundamente, pero cuando percibió la ausencia de su madre desde la inmensa falta de afecto y cuánto la había necesitado, una honda quemazón se expandió por la boca de su estómago.

El viaje había sido producto de una decisión espontánea. Aquella mañana, sin pensarlo, compró el pasaje por internet y no reservó alojamiento. Esa espontaneidad marcó la diferencia, un antes y un después en su modo de vivir.

En la playa escuchó *la voz de su cuerpo* y le gustó, a pesar de que la angustia y el placer se mezclaban discontinuamente, al volver e inhalar con hondura el aire puro del mar sintió *mucho cansancio*. Luego disfrutó de las caminatas. La percepción de una soledad gozada la acercó *más a sí misma*. Dibujó en su mente esos instantes impulsivos, sin control, que representaban la única manera que tenía de canalizar mucha irritación. Ese fue el comienzo de una nueva relación consigo y, tras continuar experimentando otras formas de vivir la espontaneidad, se ocupó de reencontrarse de otro modo con su madre.

El contacto visual. Un nuevo enraizamiento

Los ojos tienen un gran potencial expresivo y de contacto. A través de la mirada vemos y sentimos. Pero, *¿cuál es la relación* *entre los ojos y las emociones?* Precisamente su función expresa la personalidad. La forma en que uno mira o cómo lo miran a uno determinará modos de reacción y vínculos específicos.

Esta cualidad anímica en los ojos se representa a través del brillo, la opacidad, el tipo de mirada, la forma de enfocar, es decir, con miradas más o menos entornadas, la frialdad o la calidez, el esfuerzo o la soltura para visualizar. Todo un mundo de información que refleja el sentir o lo vuelve impenetrable. Es el caso de los ojos vacíos, en personas distantes, esas que no están presentes, que no hacen contacto visual.

Por el contrario, hay quienes lucen ojos iluminados. Son aquellos cuyos cuerpos están animados, la excitación circula por su interior. La luz que emana de ojos vivaces refleja la fluidez corporal y la liviandad en los gestos. Algunas personas ríen con los ojos, son como chispeantes y otras muestran tristeza, desánimo.

Detrás de cada expresión hay una historia y, si de la mirada se trata, es sustancial analizar cómo fue nuestro contacto visual con nuestra madre.

La interacción madre e hijo, a nivel de mirada, en términos de sostén y cuidado, influye sobre la construcción de la personalidad y especialmente en la cualidad de los procesos de enraizamiento. Berry Brazelton y Cramer Bertrand en su ensayo *La relación más temprana*, definen la construcción de la mirada periférica cuando la madre no busca el contacto de su pequeño, ni responde a su mirada. En esas circunstancias, el niño reacciona entonces con una mirada periférica. Esto significa que el bebé, para no encontrarse con una mirada vacía de la madre, desvía la suya hacia otro lado. Aunque la madre le diga a su niño que lo ama, si acompaña estas palabras con una mirada dura y distante y una voz seca y dura, el niño recibirá un mensaje muy confuso que, probablemente, lo distancie de ella.

Estas primeras interacciones van a influir en la forma de mirar el mundo. Por eso, el ojo, en su movilidad voluntaria o involuntaria, va a percibir y expresar nuestro estado psicocorporal.

Quienes han vivenciado situaciones violentas quedándose rígidos o paralizados pueden aterrorizarse cuando vuelven a ver rasgos que reediten ese momento. Un padre que le emite miradas lascivas a su hija puede generarle importantes problemas a futuro en sus relaciones con los hombres. Cínicas, amargas y desconfiadas en los modos de enraizar.

Por medio de un trabajo corporal centrado en los ojos, se puede desenterrar la raíz de los conflictos y las heridas infantiles tanto de etapas verbales como de etapas no verbales. Los ojos pueden permanecer acorazados después del impacto y estrés ocurrido en los primeros años de vida que continuaron actualizándose en los siguientes.

Uno de los instrumentos que utilizo para trabajar el segmento ocular es una pelotita de esferokinesis parcialmente desinflada. Le pido a la persona que se acueste, doble las rodillas y apoye los pies en el suelo. Mientras toda la columna se va acomodando en su completa extensión, coloco la pelota debajo de su cuello para que descanse. Al permanecer con la nuca encima de la pelota desinflada le pido que profundice la respiración y que cierre los ojos y mueva la cabeza muy lentamente de un lado a otro y en ambos sentidos. El descanso de la columna cervical acompañado de respiraciones profundas, y de una gran entrega de peso de la cabeza, comienza a liberar la tensión que se encuentra alrededor de los ojos. Una tensión que, probablemente, tiene historia. Cuando abre los ojos la visión es más nítida, el campo de visión más amplio, se le empiezan a humedecer y a relajar los ojos. A algunos se les ha detenido el dolor de cabeza causado por tensión cervical y en la nuca.

Durante el trabajo terapéutico, intento mirar suavemente para leer la expresión de los ojos, con la intención de que manifieste sus emociones. El modo de mirarnos es fundamental para poder establecer confianza. Una mirada fija y penetrante más que una invitación es un obstáculo para liberar el sentimiento. Establecer este tipo de contacto proporciona una seguridad de estar acompañando y además agrega fortaleza y sostén, dos factores fundamentales para generar procesos de enraizamiento.

Enraizar mediante el contacto visual significa permitir que emanen los verdaderos sentimientos y esto acerca más a la persona con su realidad. Además, cualquier ejercicio que implique afianzar los pies sobre la tierra aumenta la carga vital en los ojos.

Dos ojos que miran a otros dos ojos de manera sostenida, genera una sensación de contacto físico. Inclusive, se crea una atmósfera de mucha intimidad. Este tipo de mirada representa una conexión de sentimientos más profundo que el verbal. Por eso, en las sesiones terapéuticas, cuando noto que la persona queda atrapada por ilusiones, pensamientos enajenantes, le solicito que me mire a los ojos. A veces lo hago más evidente moviéndole suavemente la cara hacia la mía y acercándome para generar un contacto visual seguro que le de confianza para poder encontrarse.

Cuando miramos a los ojos proyectamos emociones. Se desprenden franquezas que resultan tan elocuentes que no hacen faltan palabras para explicarlas. Y al margen de los papeles tan bien ensayados, los ojos expresan con llaneza, honestidad, sin trampas, sin adornos ni excusas. Cada sentimiento tiene una mirada especial. Lo que sucede es que a veces no logramos encontrarnos con esos destellos de franquezas, porque se producen procesos de negación que nos quitan la capacidad de verlas.

Descubrir la verdad en la mirada es una tarea preciosa que conduce a penetrar por detrás de esa lámina encubridora. Solo falta otro que nos ayude a poder ver a través de las grietas, las fisuras. Y si escuchamos, sin tapujos, nos encontraremos. Es como si solo en ese descubrimiento respiráramos una nueva vida.

CAPÍTULO 3

MODOS DE SER
DESDE UNA LECTURA
CORPORAL

MÍA percibía un aturdimiento arrollador cuando alguien calificaba negativamente alguna actitud o acción que realizaba. En ese momento, sentía un fuerte dolor en su nuca, un mareo repentino y la garganta se le cerraba al instante. La cabeza y los hombros parecían sostenerse por una serie de estacas y la tensión paralizaba toda posibilidad de movimiento. En silencio acataba aquella calificación como si fuese una *sentencia* y, prontamente, intentaba modificar aquello que había sido juzgado. Sin embargo, cuanto más esfuerzo realizaba para modificar sus conductas, más se intensificaba la tensión del cuello. Su autovaloración estaba cargada de reproches y la fuerza de cada palabra expandía la tensión por hombros y brazos.

Al gesticular movía la cabeza y el tronco en bloque y sus brazos entumecidos colgaban del cuerpo. Parecía que no pertenecieran a él.

Mía estaba de acuerdo con cualquier cosa que se decía de ella, y tan pronto como asentía quedaba atrapada por esa valoración. Su abuela le decía que tenía hombros curvos como los de una costurera y, como ella era todo lo que los demás le decían, iba corriendo al espejo y veía sus hombros de esa manera.

Su vida era una suma de exigencias que se iban acumulando a medida que se relacionaba con la gente. Y se vinculaba con quienes pretendían apoderarse de su valía quitándole todo tipo de autoridad sobre sí misma.

Hacía mucho esfuerzo por esconder su minusvalía, exigiendo extremadamente su cuerpo. Había inventado una postura de lo más erecta, adelantando su pecho de manera exagerada, apretando la mandíbula y dibujando una sonrisa fingida.

Cuando logró conectar con sus emociones advirtió que esa mujer sumisa era y no era ella. Al actuar como testigo de sí misma, dejó que su verdadera postura aflorara, se desplomaron sus hombros, se cerró su pecho, y la sonrisa fingida mutó hacia un gesto de profunda angustia. La densa red nerviosa que anudaba el cuello dejó pasar el aire. Notó que detrás del dolor muscular había un ser espantado de sí mismo que cedía ante los otros. Y nació la primera certeza: todo aquello que la estaba entumeciendo era la traducción corporal de sus temores. Agudizó los sentidos e identificó algunas de las circunstancias que la llevaban a sus mareos, hacia sus sensaciones vertiginosas. El cuerpo de Mía le solicitó una tregua y afortunadamente ella la aceptó. Tuvo que detenerse para intentar recuperar esa parte purísima de sí misma que dio lugar a más pausas y le permitió mirarse con otra actitud. Empleó toda su potencia hacia el rescate de esa mujer de cuerpo inseguro. El encuentro consigo misma cobró sentido, descubrió cuáles eran sus deseos y sobrevino una nueva certeza: solo ella podía dejar que se cumplieran. La flexibilidad y la soltura se adueñaron de sus actos y ya no hubo más decisiones dependientes de aspiraciones ajenas. *Mía comenzó a ser su propia autoridad.*

En los trabajos de enraizamiento que se realizan durante todo el proceso terapéutico, se puede leer en las formas corporales un diagnóstico pulsátil y expresivo de cómo nuestra crianza, la cultura, las relaciones vinculares se inscriben en los cuerpos, en las tensiones musculares crónicas.

En las posiciones de enraizamiento vertical —de pie, con las piernas semiflexionadas, la distancia entre los pies en coincidencia con la medida de las caderas, la pelvis alineada e inclinada levemente hacia delante, relajando el abdomen— registro a cada persona desde los pies al rostro y desde el rostro hacia los pies. Me interesa observar cómo se sostiene en los pies y qué tipo de pie tiene. Examino cómo están ubicados: ¿girados hacia adentro o hacia afuera? ¿Dónde está el peso en los pies? Le pregunto si siente sus pies que se hallan en mayor contacto con el suelo y realizo un ejercicio de enraizamiento que consiste en subir y bajar las rodillas de manera muy lenta presionando levemente las plantas sobre el suelo. Pregunto luego: cómo siente sus piernas, si las advierte livianas, pesadas, rígidas o insensibles. Durante el ejercicio pueden surgir vibraciones. Me interesa explorar si son finas, suaves, gruesas o espasmódicas. Es importante identificar si contiene el flujo de excitación, si puede sentir su capacidad de sostén o, por el contrario, si hay una tendencia a levantar su base del piso por temor a caerse.

La relación de la persona con el suelo es un proceso. Cualquier postura que se realice, cualquier acción que se decida, se cimienta en esta relación. De aquí la importancia del enraizamiento y los modos de pisar la tierra. Tener conciencia de la pisada, de estar en los pies, es un paso sustancial para buscar el equilibrio desde todo punto de vista.

La madre es el primer suelo que pisa el bebé, es decir, se pone en contacto con la tierra a través de ella. Por eso es tan significativo identificar la calidad de este vínculo primario y su impronta en el proceso de nuestro enraizamiento.

Al comienzo de los trabajos de enraizamiento vertical se puede sentir una resistencia corporal al pasaje del flujo energético representada en forma de dolor físico y emocional. El dolor en las piernas puede ser el equivalente a un dolor en la vida. Cuanto mayor es el grado de rigidez en las piernas de una persona, menor es su alegría de vivir.

Pistas para mirar los cuerpos

Cuando una persona asiste a mis sesiones, estudio a través de la lectura corporal cuan disponible se halla su cuerpo para develar emociones guardadas. Invito a registrarse para que tome conciencia de su postura y, juntos, exploramos la existencia de algún bloqueo que está condicionando la libertad de movimientos. De esta manera, comienza un viaje que le permite decodificar algunas señales corporales y comprender las voces del cuerpo.

Propongo prestar atención a cómo respira su cuerpo. Por lo general, quienes permanecen muy bloqueados a causa de tensiones crónicas, no mueven el pecho al respirar porque hay durezas que no dejan circular el aire. Luego, vamos recorriendo los canales corporales que comunican las emociones. Por ejemplo, la garganta y la boca. Lo hacemos, primero, desde una lectura global de esa zona y luego, desde los movimientos.

Me sitúo en el rostro, la expresión de sí mismo se proyecta allí. A medida que charlamos, invito a realizar algún ejercicio. Van emergiendo gestos que enuncian quién es la persona y qué siente.

Busco que identifique si hay tensión de mandíbula o cuello. Para ello, solicito que inhalen y exhalen con suspiros sonoros.

Si la voz sale muy condicionada, significa que la garganta está cerrada y probablemente la musculatura del cuello muy rígida. Claramente hay indicios de bloqueo necesarios de abordar.

Continúo con la lectura corporal, miro las manos y los brazos, especialmente sus puntos de inserción: los hombros. Contemplo de qué manera *cuelgan*, si están libres, endurecidos, o muy adheridos al cuerpo. Cada uno de estos rasgos expresan disposiciones que tienen historia, por ejemplo, si hay o no dificultades para abrazar.

Me interesan mucho las manos y los dedos, si están relajadas, suaves para acariciar o tensas y con dificultades para hacerlo. Las manos amantes están cargadas de energía vital. Por eso hay quienes tienen *manos sanadoras* que al palpar los cuerpos generan un calor reparador.

La circulación de los sentimientos hacia las manos puede ser obstaculizada por la tensión de los hombros que, en algunas personas, se hallan suspendidos, cerca de la cabeza acortando mucho la distancia de hombros. Esta postura es muy común en personas que permanecen *colgadas* por tanta actividad mental.

Otras zonas que me interesan sondear son la cintura y la pelvis. Uno de los trastornos más comunes es la disociación entre la parte superior e inferior del cuerpo. Al observarlos, da la sensación de que el cuerpo está constituido por dos partes hasta dicotómicas, porque una está mucho más rígida que la otra, moviéndose en bloque o, prácticamente, sin posibilidad de movimiento. También se visualiza en pelvis infantiles (sin desarrollarse en curvas, caderas y retraída) combinadas con troncos adultos o viceversa, una pelvis bien desarrollada y redonda y torsos estrechos e infantiles, a veces muy tensos y con miedo.

Finalmente, advierto el apoyo de las plantas de los pies. Es clave mirar las rodillas. Si se las bloquea estirándolas en señal de defensa ante una amenaza o si se las dobla con la intención de *bajar a tierra*. Cada una de estas observaciones aportan pistas y puntos de partida que suman información valiosa para comprender la realidad emocional de las personas.

La lectura corporal brinda un estado de situación que marca cierto itinerario para iniciar el viaje hacia el interior del cuerpo, para comenzar a penetrar en las fibras más profundas de la musculatura y llegar hasta los sentimientos guardados. Nuestro lenguaje corporal está lleno de expresiones que son ricas en imágenes y significados.

Cuando estamos delante de una persona y comenzamos a leer su cuerpo observamos cuáles son los comportamientos defensivos que utiliza, los mecanismos de resistencias ante los deseos que aparecen y si estos son reprimidos.

Defensa y *resistencia* son dos caras de una misma moneda. La defensa está constituida en un nivel más primario y produce barreras para llegar a sentimientos profundos. La resistencia es la capa externa de protección. Se manifiesta y evita conectarse con las expresiones de esos sentimientos profundos.

Los comportamientos defensivos a través de la resistencia son conductas y actitudes que desarrollamos para sobrevivir ante situaciones amenazantes y dolorosas. Una de las conductas defensivas es la negación de conflictos, situaciones que no se aceptan o no pueden *verse*. Cuando las personas padecen reiteradamente síntomas emplazados en los ojos, una luz de alerta se enciende en nuestro acompañamiento terapéutico y nos preguntamos qué situación no puede o no quiere ver. Otro mecanismo de negación es la proyección. Creer que nuestro problema está afuera de nosotros y lo vemos en el otro. Lo que comúnmente se llama *espejarse*. En este caso aprovecho para que la persona realice una detallada lectura corporal de ese otro y luego invito a registrarse para evaluar si esos mismos rasgos los encuentra en sí mismo. Otras conductas defensivas son los reproches, la desconfianza y la racionalización de las emociones.

Hay rasgos defensivos que se producen a nivel muscular y se materializan en la construcción de tensiones crónicas. Éstos vienen para *protegernos* de las emociones reprimidas. Por ejemplo, una persona puede expresar verbalmente que un hecho doloroso no le ha afectado y, sin embargo, mientras lo enuncia mediante la voz, se observa que deja de respirar, que sus hombros caen pesados y que la tensión de la mandíbula aprieta sus dientes.

Cuando las personas consultan por este tipo de psicoterapia muestran mucho deseo de transformación. Durante las sesiones se esfuerzan e invierten voluntad para sanar. Sin embargo, el desafío surge cuando el inconsciente asoma y comienza a boicotear la posibilidad de cambio. Es muy importante darles espacio a estos mensajes del inconsciente para volverlos conscientes. Esta es una etapa de inmersión en los síntomas corporales, ya que allí está la fuente de lo traumático. Introducirse en ese escollo permitirá avanzar en el proceso sanador.

Las resistencias corporales se observan en forma de bloqueos o cortes, color de la piel blanca (miedo) o piel marrón (energía atascada), grados de tensión de la musculatura, ausencia de espontaneidad, automaticidad, mucho control, movimientos poco coordinados, cortes o escisiones entre varias partes del cuerpo

* * *

La experiencia clínica con los consultantes que se acercan a Espacio a Tierra me ha permitido observar una variedad de estilos de personalidad que han experimentado transformaciones. Centrada en la noción de estructuras de carácter de Wilhelm Reich[2] junto a la revisión de la misma realizada por Alexander Lowen[3], describiré a continuación una serie de rasgos que se agrupan según determinadas características. Se trata de una descripción de las estructuras de carácter de Lowen que denominé *cuerpos demandantes*, cuerpos manipuladores, cuerpos rígidos, cuerpos empantanados y cuerpos congelados.

Los **cuerpos demandantes** son aquellos que en su mirada llevan una súplica de amor, que muestran ojos de niño esperando que el mundo adulto reconozca sus necesidades y las satisfaga. Su musculatura es débil y tienen dificultad para expresar su agresión. Cuando estos cuerpos se exponen a altas presiones, suelen colapsar (ataques de pánico, altos niveles de estrés). Cuando intentan descargar su enojo durante la terapia psicocorporal se cansan rápidamente. Se percibe en ellos un miedo a alcanzar lo que desean por temor a ser rechazados por los otros. Son cuerpos infantiles que expresan una gran necesidad de aceptación y demandan afecto. Sus hombros y pecho suelen

---

[2] Wilhelm Reich es el fundador de la psicoterapia corporal. En su trabajo como terapeuta destacó la importancia de tratar las manifestaciones físicas del carácter del individuo, en especial la formación de tensiones musculares crónicas, llamadas por él "corazas". Aporta la noción de análisis de carácter, atendiendo a determinadas configuraciones de acuerdo a defensas caracterológicas. Para una lectura completa, se puede consultar su libro *Análisis del carácter* (Paidós, 2005).

[3] Alexander Lowen, paciente y discípulo de Wilhelm Reich, redefinió el concepto de análisis del carácter articulándolo con cinco estilos de personalidad. Denominó a esta tipología *estructuras de carácter*. Las cinco son carácter oral, esquizoide, masoquista, psicopático, y rígido. Para una lectura completa puede leerse su libro *El lenguaje del cuerpo* (Herder, 1985).

estar colapsados, lo cual afecta la fuerza de sus brazos. Utilizo el término "colapsar" para describir una postura como desplomada, cayéndose, cansada, sostenida desde una base poco arraigada a la tierra. En su mayoría están *colgados* de ilusiones y las comunican de manera catártica. Han vivido crianzas de privación y abandono, por eso buscan permanentemente, y de manera demandante, el afecto seguro que no han tenido. Hay ejercicios muy pertinentes para este tipo de personas que implican la toma de conciencia de sus fronteras respecto de los demás. Al practicarlos de manera reiterada tienen un interesante efecto en su cotidianeidad. Uno que uso frecuentemente es enfrentarme a una distancia más o menos larga y avanzar hacia él o ella de manera avasallante para probar si con su cuerpo puedo frenarme. Por lo general, se quedan rígidos y paulatinamente van probando cómo pueden limitarme.

Las personas demandantes no se conforman con lo que reciben, siempre desean más. Por eso el trabajo reside en advertir su propia responsabilidad en la consecución de sus deseos. Necesitan de un fuerte trabajo de enraizamiento expresando sus emociones de agresión y ejercicios que generen un contacto firme de los pies hacia la tierra. Hasta que ellos no logren soltar su furia, su libertad de expresión, su posibilidad de disfrute y gozo, su desarrollo hacia la adultez se verá condicionado.

Como ejemplo, leamos la historia de **LORENA**: *"Hablaba, y mi cabeza se iba llenando de palabras y más palabras. Hay algo en mi decir que me encadena. Vivo como embotellada en una completa confusión. Las palabras son mi refugio y la atmósfera de mi habitación un desierto de silencios incómodos. Siento algo agitándose en mi interior que pide más y más palabras. La palabra pesa demasiado sobre mis hombros exhaustos. No hay modo de cederle lugar a mi cuerpo porque al detener mi* voz advierto un dolor inmenso en mi estómago. Detenerme me encuentra con mi madre, con sus ojos poco cálidos, con la ausencia de abrazos. Tengo miedo de vaciar el dolor. Comienzo a notar que estoy como ausente, hipnotizada. Que mi tono de voz monocorde actúa como protección. Me suelo mirar al espejo un tiempo largo, incesante y lloro".

Existe un abanico de cuerpos que actúan desde la manipulación, son los **cuerpos manipuladores.** Voy a detenerme solo en dos: el primero incluye a aquellas personas que intentan imponer y adquirir poder sobre el otro desde la necesidad de dominar y controlar, y el segundo refiere a aquellas que lo hacen mediante estrategias de suavidad y *amor.* Son cuerpos vigorosos que seducen y son muy astutos para ocultar su manipulación.

En el primer caso la apariencia es imponente. Su postura es penetrante e imperiosa y clava su mirada infligiendo poder. Este grupo de personas no suele transitar por mi espacio terapéutico, su actitud onmipotente, sus rasgos de poder y la búsqueda de ser admirado hacen que no busque este tipo de terapia. Son muy mentales, por eso suelen tensar la zona alta del cuerpo, cabeza, cuello, hombros, invirtiendo esfuerzo en sostener una imagen construida constantemente. Esto implica mucha energía mental y muscular y una alta capacidad para no entregarse *por temor a fracasar,* perder poder y ser controladas. Pueden demostrar enojo, pero nunca miedo, ni tristeza, aunque en la profundidad de su ser lo tengan y mucho. Las heridas y los miedos son inherentes a cuerpos enojados. Generalmente, fueron muy lastimadas emocionalmente en su primera infancia, con ofensas y humillaciones que impactaron en su autoestima, y por eso en su adultez están atentas a no volver a pasar por ello, aunque vivan reproduciéndolo. Este tipo de personas necesita mucho trabajo terapéutico para poder reactivar el sentimiento de necesidad y despertar su deseo genuino para llegar al placer corporal y, de esta manera, en lugar de manipular actuar para sí mismo.

El otro tipo de manipulación, aquella que se ejerce desde estrategias de *suavidad y amor,* suele ser un padecimiento de los asistentes durante sus etapas de crianza. Describen escenarios donde fueron víctimas de actitudes manipuladoras por parte de padres o madres que impusieron mandatos o ejercieron autoritarismo. Lo interesante en estos casos es que quienes relatan estas experiencias suelen ser reproductores de las mismas. En este caso, se intenta indagar en aquellas actitudes, gestos, y movimientos *espejados.* Por otro lado, son personas que padecen de mucha culpa en su proceso terapéutico dado que, la toma de conciencia de estas manipulaciones las enfrenta con viejos temores ante la posibilidad de transgredir.

La historia de **ARMANDO** resulta oportuna. Él se propone la meta de someter en cualquier escenario de su vida cotidiana. Cuando se acerca a algún sitio, crea una aureola de suspenso. Busca que cada uno de sus interlocutores eche la cabeza ante sus afirmaciones. Sus movimientos dispersan borbotones de energía densa. Encarna el perfil de un personaje de ficción, una versión disfrazada de un cinismo que esconde la mayor de las debilidades: la incapacidad de ver y escuchar al otro. Vive atrapado por miedos, por la necesidad de alimentarse de una imagen poderosa, que hace subir el éxito a su cabeza más allá de su capacidad para gozarlo. Un cuerpo que vive defendiéndose, un cuerpo abastecido por el sello de la insatisfacción. Por momentos, escucha algún reclamo del otro frente a sus maltratos, existe algún atisbo de revisar su conducta, pero siempre en función de su interés personal. Cuida mucho su imagen, se mira varias veces a espejo hasta que se convence que así está bien para salir al mundo. Está orgulloso de estar en pareja con una mujer preciosa que cuida las formas y es muy delicada en la vida social, y además posee una amante que es ardorosa en su vida sexual. Su actividad laboral es muy *exitosa*, dirige una empresa textil.

Veamos también la historia de **DORA**: *"Comencé a caminar y vinieron a mi mente sus ojos verdes que no llevaban maquillaje y que tampoco lo necesitaban. Eran calmos y dulces. La desatención que le proporcionaba a su estética le otorgaba una belleza evidente. Toda ella era seducción, aunque no lo sabía. Su voz era fina, agradable, quizá mansa y sumisa. Se sonrojaba con facilidad, un matiz que no podía ocultar debido a su piel blanquísima. Cuando me detuve en esa escena y la miré fijo, sus palabras me generaron una puntada fuertísima en el pecho. Estaba en medio de la vereda y no soporté encontrarme con el dolor. Me senté en la escalera de una casa y ubiqué la palma de mi mano en mi esternón e hice presión, advertí como algo metálico. Comencé a presionar punto por punto y advertí el calor de mi mano, una temperatura agradable, muy diferente a los abrazos que me daba ella cuando me pedía algo. Aun siento el retumbo de su voz ante sus amorosas quejas para que cumpliera todo lo que ella deseaba. Solo su voz y luego la conciencia de tanta manipulación. Luego, poco a poco, la revelación de una historia atrapada a través del yugo del control para llegar a la recomposición de las circunstancias que dieron existencia a mi tristeza".*

En los **cuerpos rígidos** hay dificultad para expresar los sentimientos de afecto. Si bien se trata de personas que, en apariencia, parecen fluidas y livianas porque el flujo de energía suele circular libremente por su cuerpo, su limitación se manifiesta en la posibilidad de que esa fluidez se manifieste. Son cuerpos coordinados, fuertes y armónicos que parecen integrados. Sin embargo, sus áreas principales de tensión son los músculos largos de ambas extremidades, superiores e inferiores. Tienen mucha dificultad para abrazar, por ejemplo. Los músculos de la columna dan un aspecto de excesiva alienación, y contienen tensiones crónicas. Estos músculos rígidos forman especies de armaduras que se van expandiendo por el resto del cuerpo. Una espalda rígida que no se dobla, un cuello comprimido como una estaca, una cabeza muy erecta, un pecho herméticamente duro y un abdomen acorazado. Son cuerpos que se han frustrado emocionalmente y de manera traumática durante su niñez y, ante ello, han reaccionado armándose defensivamente. Se endurecen para no ser heridos nuevamente. Lo destacado de este tipo de personas es que sienten amor, pero la posible traición a sus sentimientos los paraliza por lo que retienen esa emoción empujándola hacia atrás.

Existen distintos grados de rigidez: si es suave, el rostro será expresivo, los ojos intensos o brillantes; en cambio, si es más severa, es notable el endurecimiento de la vista y los músculos faciales. Las personas rígidas retienen el impulso de abrirse, por eso sus manifestaciones de amor y deseos están limitadas por la tensión de los músculos alrededor de los ojos y de la boca. Lo mismo sucede cuando sienten la necesidad de llorar, tienen dificultad para liberar el llanto que queda atragantado generando un malestar agudo en la garganta o también dolor de cabeza. Uno de los desafíos en su proceso de liberación es llorar para lograr soltar tanta tensión retenida en sus armaduras.

Leamos la historia de **MIRANDA**: *"Siento un dolor muy intenso en mi pecho. Un malestar que a cada minuto se expande. No puedo respirar. Mi interior está quebrantándose. Tengo el* cuerpo marcado con cicatrices que me arden. Ilusiones que parecen curarlas, pero que solo las silencian. Mucha bronca que no desahogo, que permanece dentro de una armadura preservada por miedos y ansiedades. Estoy atrapada. No me sale el llanto. Nunca puedo llorar. Tengo pavura de bucear en ese hoyo tan oscuro, por temor a perder el rumbo, a desintegrarme. Preciso soltar la rabia, gritar la impotencia, hacer frente a esos monstruos que me atacan imprevistamente. Quiero llorar. Sé que puedo hacerlo. Solo necesito encontrar apoyo. Solo advertir la fuerza para poder soltarme. Este movimiento me devolverá la propia valoración y develará lo que se esconde entre tanta dureza".

Los **cuerpos empantanados** son aquellos que padecen una sensación bastante crónica de sufrimiento, y una tendencia habitual a quejarse. Sus comportamientos autodañinos no solo los perjudican, sino que también a quienes los rodean. Estas quejas muchas veces están acompañadas por constantes acusaciones a los demás y comportamientos provocadores lo cual les suscita conflictos con los otros y a la vez consigo mismos. De nuevo se empantanan y sus cuerpos sienten presión, peso, contienen mucha energía acumulada que les cuesta descargar quedando estancada. No logran relajarse. Algunos poseen rasgos sumisos, y hasta serviles, esto tiene que ver con experiencias infantiles autoritarias o demasiado sobreprotectoras y cargan con una necesidad constante de aprobación. La lucha interna ante el empantanamiento se produce entre la negatividad, la tristeza, la hostilidad hacia aquellos de quienes desean obtener amor. Lo que ocurre es que al bloquear los sentimientos por temor a que tanta carga de tensión explote, se tensan cada vez más. Su seguridad y aceptación dependen de su servilismo. Necesitan mirar a los otros para que los salven de su sufrimiento y a la vez desconfían de ellos y de sí mismos.

Los músculos apretados son, especialmente, los hombros y el abdomen.

Al repasar su vida, **CARLOS** advirtió que la crudeza de sus vínculos le había punzado la capacidad de sentir. Cada recuerdo guardado le producía una erosión de su expresión. Convertido en un ser dormido ante las oportunidades de sentir placer, avanzaba quejándose de todo lo que le faltaba, de lo que no hizo, de lo que le salió mal. De esa manera, anestesiaba cada vez más las heridas. Sin embargo, cada tanto, aparecían las señales: mucho dolor de estómago y luego el síndrome vertiginoso, una sensación de extremo mareo y pérdida del equilibrio. Ingería sus remedios y continuaba la vida ensombrecida. De nuevo las quejas. Decidió comprometerse con el malestar de otra manera. Pidió ayuda. Cuando su historia asomaba, palpaba el enojo y comenzó a nombrarlo. Así pudo escucharse y penetrar hondo en su memoria. Luego sobrevino la decepción porque el alivio duró poco para él. Necesitaba que se acabe rápido su malestar. Descargaba la bronca, pero luego continuaba sintiendo peso. Incomodidad, tensiones, carga acumulada. Reclamaba, pero lo hacía con poca convicción. No reparaba en que la sumisión continuaba latiendo. Se cuidaba de defenderse todo el tiempo. Como sostenía su intención de cambio, se dejó afectar por todo lo que le iba sucediendo en su proceso. De esta manera, empezaron a surgir nuevas señales, y esta vez positivas. Sobrevino entonces el deseo de expresar aquello que no pudo decir durante muchos años. Lo encaró y se sintió más liviano. Esto le permitió transitar la alegría del alivio. Desde entonces, algo se abrió para advertirle que otra etapa se iniciaba, una en la que todo estaba por hacerse.

ALBA vive aturdida por voces que le dan órdenes, y no logra encontrar determinaciones propias. La parte más primitiva de su mente le dicta lo que debe ser y hacer y se siente amenazada por algo que no puede descifrar y que, a medida que crece, le roba una parte de sí misma. Percibe que sus pensamientos cargan con imposiciones, una tras otra, hasta que siente mucho aturdimiento y la sensación de habitar en un laberinto sin salida. Su mente está desbordada de obligaciones. Intenta increpar, descifrar, decodificar cada una de esas voces que la fuerzan a actuar sin vacilar. Las repite en voz alta. Simultáneamente esas palabras resuenan muy adentro y las imágenes comienzan a sucederse como el guión de una película añeja guardada muy cuidadosamente. Las voces van tomando cuerpo y Alba, atónita ante tal descubrimiento, empieza a descubrir aquellos dictámenes que le habían coartado su libertad: *"La letra con sangre entra, si no te fuerzas hasta el desgarro no serás nadie"*; *"Ojo a quién eliges como marido, acuérdate que será para toda la vida"*; *"Lo que tocas lo rompes, cuidado"*; *"Pobrecita, ella tiene pocas luces"*. Estas frases fueron repetidas una y otra vez durante muchos años de su vida hasta que tomaron cuerpo propio y se deshicieron de sus dueños o dueñas. Alba las hizo suyas y de cada expresión se desprendió un condicionamiento, una restricción que no le permitió advertir qué era lo que elegía por cuenta propia. Pudo elegir escuchando la voz de su corazón. Su cuerpo se yergue, su presencia se hace más potente. Ya no padece las voces que le dan órdenes y logra encontrar determinaciones propias. Y aunque continúa padeciendo, por momentos, situaciones de empantanamiento, lo acepta. El corazón le dicta lo que debe ser y hacer y no se siente amenazada por algo que no puede descifrar. Ahora, a medida que va descubriendo sus deseos, despeja con soltura la carga heredada y tiene la posibilidad de renovar sus vínculos liberando las sombras detestables de humillaciones antiguas.

Los **cuerpos congelados** son muy enmascarados. Rostros nada expresivos, miradas vacías con ausencia visible de sentimientos en los ojos. Esto hace que no se logre hacer contacto con la mirada. Desde una lectura corporal se observan cuerpos constituidos por bloques, sobre todo desde un corte entre la zona superior e inferior. Son cuerpos muy descoordinados. Los bloques de contracciones musculares crónicas obstaculizan la producción de movimientos corporales espontáneos e integrados y los más grandes se encuentran en la base de la cabeza, los hombros, la articulación de caderas y su base. Se trata de cuerpos que han vivido experiencias aterradoras, cuerpos profundamente asustados. Cuando digo terror, me refiero a la vivencia de situaciones vinculares que los han paralizado del susto. Tal vez sucedieron en la cotidianeidad infantil, pero superaron la sensibilidad de ese niño o niña y se convirtieron en terroríficas, como, por ejemplo, humillaciones extremas o abandonos crueles.

En su libro *Anatomía emocional*, Stanley Keleman sostiene: *"Imagine ahora que algo lo está aterrorizando. Para este ejercicio, a mí me sirve pensar en un monstruo de una película que hubiese preferido no haber visto cuando era niño. Usted, probablemente, moverá la cabeza para atrás, sus ojos y boca se abrirán desmesuradamente mientras se contraerán para arriba y sus brazos se pondrán rígidos. Después de un grito ahogado, su respiración casi cesará y su pecho se estrechará, su pelvis y nalgas se contraerán empujando para adentro y para arriba y sus piernas se endurecerán"*. Esta podría ser una escena de terror que congeló al cuerpo de alguien generándole parálisis y susto. Aunque tal vez esta persona luego logró recuperarse bastante de ese terror, la situación le dejó una huella: la severa restricción de la circulación de las emociones, una limitación provocada por tanta musculatura contraída. Es muy común observar espasmos, o espasticidades cuando estos cuerpos intentan soltar.

La diferencia entre las personas rígidas y las congeladas es que en éstas últimas la dureza es susceptible de quebrarse, es frágil y experimentan la vida escapándose de la sensibilidad corporal, de los sentimientos, precisamente por esa fragilidad. Ellos o ellas se han disociado de su cuerpo y se refugian en su cabeza. Son excesivamente mentales. Respiran muy superficialmente, realizando una especie de respiración de emergencia. Las huellas del pánico han causado una inhalación y exhalación ligeras para realizar el menor ruido posible. Muchos de ellos han vivido situaciones de violencia en las que necesitaron pasar desapercibidos como una forma de protección ante posibles amenazas. Otra huella se observa en los hombros suspendidos y en los omóplatos inmovilizados, como adheridos a las costillas, que generan movimientos de brazos mecanizados.

El trabajo terapéutico está fundamentalmente orientado a liberar sus emociones. Se realiza una intensa tarea de sensibilización y reconocimiento corporal para darle expresión a las voces calladas del cuerpo.

Leamos el relato de **PAULA**: *"Al vislumbrar las señales de una vida alienada o mecanizada, comprendí que un cuerpo adormecido operaba como protección y que, en cada pisada de mi ser mecanizado, descendía un inmenso, monótono y continuo aburrimiento. Comprendí que el cuerpo rumbeaba como un bloque segmentado que amortiguaba su sensibilidad y que mi rostro solía portar sonrisas inmutables que se manifestaban como máscaras adheridas a la piel. Tomé conciencia de cuanta inversión de energía utilizaba para agradar y que el esfuerzo* era en vano porque, cuando surgía un imprevisto, las molestias corporales mostraban la verdad. Emergía aquello que anda escondido detrás de las sonrisas disfrazadas. A veces, me vienen aires encolerizados y lo peor es que brotan espontáneamente gestos o palabras que espantan a todos aquellos que, anteriormente, me proponía cautivar. Eso es asombroso. Sin embargo, me proporciona tranquilidad porque suelto aquello contenido mientras que antes esa toxicidad iba a parar directamente sobre mis músculos o sobre mis órganos".

CAPÍTULO 4

LAS VOCES
DEL CUERPO

En un ambiente cómodo, sin muebles, solo una mesa ratona de roble y almohadones anchos, los amigos y amigas van acomodándose en círculo para conversar acerca del año transcurrido. Mientras **NACHO** ceba mate y **NORA** ofrece rodajas de budín de naranja, el diálogo comienza.

SEBASTIÁN inicia su relato. El ambiente va cargándose de decepciones. Mientras avanza, su rostro se torna pálido y los ojos pierden su brillo. **MIRIAM** frunce el entrecejo y **ROQUE** se mordisquea la uña del dedo índice.

El eco de las palabras llega al corazón del círculo. Una parte de la historia impacta en **CARLA** y su mente comienza a dibujar imágenes. Sebastián, cabizbajo, guarda silencio y ella aprovecha el intervalo para continuar. Describe algunas de las circunstancias que han aprisionado sus deseos durante el año. La quietud del ambiente le permite confesar mucho dolor amontonado. Poco a poco, cada uno de los hilos que sostenían las cuerdas de su relación sumisa se expresa con mucha angustia.

Su pena llega al resto del círculo. Respiran todos más hondo. Conquistada por una ferviente necesidad de expresarse, **VILMA** envuelve la mano de Carla y la abraza. Luego decide hablar y relata su historia. Al instante esas imágenes comienzan a poblar el cuerpo de los otros integrantes. **RAMÓN** tose nervioso, Sebastián cierra los ojos y larga un suspiro y Carla posa su mano en el muslo de Roque.

Se produce en el círculo una intensa resonancia emocional.

La resonancia es una acepción obtenida de la música. Resonamos por afinidad con el retumbo del otro o de la otra.

Los amigos del círculo han sido permeables al padecimiento del otro, sin embargo, un clima denso y triste absorbió su vitalidad. El aire abrumador inundó a los cuerpos en una especie de rendición que les quitó fuerzas. Ninguno de ellos logró adoptar cierto discernimiento para acompañar al otro, eso frustró todo tipo de opción transformadora.

Al expandirse tanto dolor, cada uno de los padecimientos se convirtió en sufrimiento. El sufrir desgasta, en cambio atravesar el dolor supone activar energías vitales que permitan ubicarnos como testigos de los hechos y tomar cierta distancia para generar cambios.

El desafío radica en ser capaces de habitar ese tramo para reconstruir otra versión de la historia. Un modo de lograrlo es la práctica de la compasión. Es una actitud valiosa para generar espacios proactivos y evitar la parálisis. Abrazar, dar la mano, regalar una mirada comprensiva es el primer paso. Así lo hicieron estos amigos. El segundo quedó irresuelto. Faltaron las palabras de aliento, de fuerza, para proyectar alternativas.

En el círculo de amigos el bienestar de uno depende del bienestar del resto de los integrantes. Todos están a la misma distancia del centro. La energía fluye por la ronda. El círculo los reconoce y comparten cada realidad dentro de él. Salen y entran recorriendo rutas diversas para llegar al centro. En la medida que escuchan con discernimiento se puede avanzar hacia un acompañamiento que invite a la apertura y evite la desazón generalizada. Esto ayudará a identificar cada punto sensible, observar el recorrido de ese punto con otro hasta formar la línea del relato y desde allí, tal vez, advertir una red de posibilidades para rearmar una nueva trama. Al hacer circular cada voz amiga creamos algo único, hermoso, verdadero, que potencia nuestro amor por los demás. Llegar a esa reciprocidad implica ceder el protagonismo para luego volver a uno.

Mensajes del cuerpo

Habitamos el cuerpo desde nuestro ser emocional, físico, mental y espiritual. Cada célula, cada tejido, cada órgano es la manifestación física y conductual de esa totalidad multidimensional. Una totalidad que, además, está afectada por la herencia ancestral. En cada parte de nuestro cuerpo contamos con información que hemos recibido de padres, abuelos, y muchas generaciones pasadas, junto con las experiencias vividas desde el momento de nuestra concepción hasta la actualidad. Esta información guardada nos condiciona a actuar de una manera. Sin embargo, en la adultez, podemos tomar conciencia de cierto bagaje que llevamos dentro desde un proceso de autoconocimiento.

Somos un tesoro que contiene mucha información que a veces decodificamos y a veces no. Constantemente esta información está siendo afectada por nuestro intercambio con el entorno. Ese ida y vuelta influye, actúa, impacta sobre nuestro cuerpo. A veces hay determinados intercambios, vínculos, lazos, afinidades, parentescos, proximidades, que afectan nuestra cotidianeidad y esos contactos siempre llegan de alguna manera al cuerpo. Todos repercuten en el modo en que reaccionamos ante situaciones de estrés, de placer y en la forma de mostrarnos ante el mundo.

Vamos grabando incesantemente toda la información captada de estos intercambios. Mientras tanto, dentro nuestro, hay mucho movimiento y de acuerdo a esos impactos suceden equilibrios o desequilibrios internos dentro de una amalgama entre lo físico, emocional, mental y espiritual. Una combinación que hace circular de alguna manera la corriente energética por el cuerpo llevando, trayendo información y expresándola de formas muy variadas.

Por otro lado, somos un eslabón en la cadena de las generaciones y existe una especie de lealtades invisibles que nos impulsan a repetir, querramos o no, situaciones agradables o acontecimientos dolorosos. Muchas veces, debemos pagar las deudas contraídas en el pasado por nuestros ancestros. Somos menos libres de lo que creemos, pero sí comprendemos las repeticiones en los padecimientos, elecciones, tendencias que se suceden, de generación en generación. Si somos conscientes de la reproducción de dolores, conductas y de las coincidencias, podremos reconquistar nuestra libertad, escapar de las trampas del destino y vivir nuestra propia vida.

Mediante una investigación profunda personal combinando abordajes varios como la bioenergética, la biodecodificación, entre otras disciplinas, podremos poner en evidencia los lazos transgeneracionales, los mensajes conscientes y no conscientes para lograr avanzar hacia transformaciones y, sobre todo, para vivir más plácidamente.

Nos interesa profundizar en aquellas voces del cuerpo que nos expresan dolor, y lo hacen a través de manifestaciones físicas, emocionales y mentales que se interconectan para sanarlo o crear sufrimiento. Es una tarea que merece un trabajo de indagación intensa y *fascinante*. Subrayo la idea de fascinante porque adentrarnos en lo que duele es una travesía hacia las profundidades de nuestro ser, es un proceso de escucha interior que conduce a cambios, muchas veces revolucionarios.

Comúnmente, el dolor se vincula con una experiencia sensorial o emocional desagradable asociada a un daño, con sensaciones más relacionadas con el sufrimiento que con el placer, con un enfoque centrado más en resultados que en procesos, con una postura que se centra más en la enfermedad que en la sanación.

Los invito a recorrer esta última parte de este viaje interior para penetrar con más hondura en las voces del cuerpo que emanan de cada una de nuestras partes, que suenan suavemente, susurran, aclaman, rugen, o gritan con potencia. Un recorrido de certezas e incertidumbres que, sin lugar a dudas, contiene misterios y que, cuanto más profundizamos en ellas, resulta más fascinante.

Las expresiones del dolor: dolores sufrientes, dolores sanadores

Cuando el cuerpo recibe algún tipo de lesión muchos dicen que esa zona duele. Por otro lado, cuando nos entristecemos también volvemos a advertir dolor. Desde esta mirada, algunos comienzan a entablar una batalla con ese *intruso* que los ha atacado y bajo cualquier tipo de estrategia intentan *eliminarlo*. Así, se inicia la guerra y en ese combate debe *armarse*. Reúne un arsenal de recursos para ganarle al dolor y atacar a esa alteración leve o grave que ha condicionado el funcionamiento normal de su cuerpo. Pero aún con semejante artillería algo continúa perturbando, molesta, daña. Y ese daño afecta física, emocional y mentalmente. Hay que combatirlo y eliminarlo antes que lo enferme gravemente.

El término "enfermedad" proviene del latín *infirmitas* que significa literalmente "falto de firmeza". Un estado que altera la fisiología o facultades normales de la salud. En otros términos, la enfermedad es lo opuesto a la salud. Es aquello que origina una alteración o rompe la armonía en una persona en diversas escalas. De modo que cuando nos enfermamos, padecemos una patología, hay algo anormal en nuestro interior que nos trastorna, se instala el desorden, el desequilibrio, la alteración.

Este modo de vincularse con los padecimientos se encamina para advertir dolores sufrientes. Éstos constituyen experiencias desagradables sensoriales y emocionales asociadas a una lesión real o potencial que se advierten como daño. Responden a una concepción de dolor ligada a la noción de enfermedad, batalla, patología y anormalidad.

El espíritu que acompaña a este enfoque, en algunos casos, está vinculado con la fatalidad de modo que al nombrar el término dolor se lo enlaza con la sensación de miedo. El miedo puede llevar al sufrimiento y ser invalidante porque está sostenido por una concepción de dolor en términos de daño que hay que extirpar. Desde nuestra concepción se transforma en una fuerza que se va retroalimentando cada vez más hasta generar una actitud invalidante o, en el peor de los casos, en una sensación de colapso.

Este modo de concebir el dolor genera pensamientos negativos repetitivos, de allí la idea de *colapso*, y nos ubica desde un lugar de víctimas del padecimiento que solo se cura con intervención externa, con *alguien que nos salve* de ese flagelo.

La concepción de dolor sanador está entroncada con la raíz multidimensional del dolor. La que nos concibe como seres emocionales, físicos, mentales, espirituales que llevan dentro información ancestral concebida desde estas cuatro dimensiones existenciales. Desde esta mirada el dolor aparece como un mensaje, a veces en forma de destello. El camino que lleva a su sanación requiere realizar una lectura de esa información no solo desde una exploración física, sino también emocional y álmica. Es decir, la búsqueda de aquello que está actuando más allá de lo observable.

La concepción del dolor sanador nos conduce a la búsqueda de mensajes, fuentes u orígenes vinculares, de nuestra naturaleza. Cuando hablo de naturaleza me refiero al conjunto de las cosas que existen en el universo o que se producen y modifican sin intervención del ser humano. La idea de dolor sanador se entrelaza con el principio creador u organizador de todo lo que existe reivindicando la fuerza de la naturaleza. Esto nos reserva la revalorización de lo nativo, de lo esencial. Por eso cuando enuncio la idea de dolor sanador lo asocio a la fuente, a nuestro origen.

Los procesos de comprensión del dolor requieren de una aguda percepción corporal. Algunos tratan de evitar una percepción subjetiva y profunda del dolor solo confiando en los diagnósticos externos, dependiendo de recomendaciones que obvian los movimientos introspectivos. En ese caso se atiende solo la voz del diagnóstico externo sin valorar lo autoperceptivo. Quedarse solo con la mirada extrínseca ubica al dolor como algo controlado desde el pensamiento.

El dolor sanador revaloriza primero la comprensión desde la propia percepción, la voz interna, y luego se recurre a la ayuda externa. Es un modo de advertirlo que se orienta a la toma de conciencia del dolor. Algunos, en lugar de recurrir inmediatamente a internet para leer diagnósticos, se alejan de todo lo que escuchan acerca de esa dolencia y prescinden de lo que hasta el momento se sabe sobre el tema dejándose atravesar primero por sus sensaciones. Luego, esperan y observan qué ocurre en su interior cuando sienten ese dolor conscientemente.

No es fácil esperar cuando hay un dolor que punza. A menudo uno desea comprender su diagnóstico como algo inamovible e inmutable que tiene que ser descubierto para tenerlo entre las manos. Sin embargo, *esa verdad* solo queda anclada en el pensamiento. Entonces continúan investigando, generando una cadena de indagaciones donde otros la siguen pensando. Cada uno opina y posee su versión de *la verdad*. Y de nuevo volvemos a la batalla para intenta develar la verdad que cura el dolor. Aquí ya se pierde la idea de dolor sanador.

En los dolores sanadores no existe la verdad revelada, sino que aparecen señales, mensajes internos. En ese momento algo sale a la luz y se expresa en forma de síntoma. Se observa y vuelve a aparecer de forma distinta. Nos entusiasmamos cuando viene porque podemos continuar explorándonos e investigar qué nos dice. Al irse seguimos indagando dentro nuestro y permitimos tranquilamente que se vaya. Por lo tanto, no hay batalla, ni lucha. Aquello que ha emergido actúa en el alma, pero no sabemos cómo. No existe la tentación de querer manipular el dolor que sale a la luz, o de querer suavizarlo o también de agravarlo, ni uno ni lo otro. Sentimos devoción hacia él. Nos entregamos a su proceso.

Señales y sonidos: gritos, quejas, bufidos, suspiros, alaridos, exclamaciones

En nuestro interior existen voces ignoradas, dormidas, que en cierto momento piden auxilio. Hay deseos, miedos que esperan ser rescatados para poder expresarse. Sin embargo, como han vivido allí muy cómodos, cada vez que anhelan librarse, un impulso los lleva a agazaparse nuevamente. No obstante, ese ímpetu comienza a atormentar al cuerpo y duele. La ferocidad del dolor produce una erosión interna que presiona por salir hacia la superficie. Tras estimular la voz y soltar un grito el cuerpo lo hace consciente y está preparado para decodificarlo. Vienen las sorpresas porque le damos espacio para que se manifieste, lo reconocemos, lo nombramos. Luego del impacto de ese mensaje, se produce una especie de alquimia: ese impulso va despertando a otros y llama a nuevas voces, vienen gritos, susurros, carraspeos. Sentimos extrañeza, desconcierto, incertidumbre, se vislumbran aspectos de una realidad que reclama por una transformación.

La voz es un medio de expresión potente. Sus elementos fónicos muestran la gama de emociones que guardamos en el cuerpo, nos permiten interpretarlas para poder sanar conflictos y traumas. La voz tiene una vinculación muy estrecha con los sentimientos y liberarla supone una movilización de emociones reprimidas expresadas por medio de sonidos. Una voz puede ser opaca, sin timbres, sin resonancia, monótona, como si careciese de energía, sin cuerpo. Puede contener sonidos temblorosos, agudos, graves, disfónicos. Cada uno de ellos guarda algún tipo de emoción e información. Algunos llevan improntas de miedo, de inseguridad, de dolores profundos, de terror o de mucha alegría.

Las tensiones musculares generadas en la zona del diafragma y de la garganta influyen en la producción del sonido. La circulación del aire actúa sobre las cuerdas vocales para producir vibraciones y, cuando las tensiones son groseras, generan una especie de desfiguración del sonido y del tipo de vibración. En estos casos es interesante decodificar sus matices con el fin de que la persona identifique qué emociones se están expresando. Por lo general, contienen temores y enojos. Si hay disposición para esta exploración, se estimula la profundización de la respiración y esto impacta en la emisión de sonidos. Las personas se escuchan e intentan decodificar aquellas emociones que se movilizan; luego las analizamos terapéuticamente.

La voz es como un hálito sonoro que nos expone desnudando íntimamente nuestro ser. Sin embargo, desplegar sonidos con fines terapéuticos es una práctica que merece cierto entrenamiento. Existen ejercicios que permiten abrir el pecho para expresar sonidos, sentir vibraciones o simplemente liberar la respiración.

Durante este proceso el cuerpo va emitiendo diferentes expresiones. Desde quejas, bufidos, suspiros, alaridos y exclamaciones. Solo es necesario entregarse, en un principio, a la respiración consciente. A veces necesitamos tiempo para reconocer nuestra voz, para escuchar aquellos sonidos que llevan palabras. Esta tarea es un desafío que puede llevarnos a interesantes descubrimientos. Algunas personas permanecen bastante tiempo decodificando esos sonidos. Así surgen suspiros que desencadenan cadenas de bostezos, o exclamaciones que permiten descargar quejas hasta llegar a gritos cavernosos guardados durante mucho tiempo.

Gritar produce un verdadero efecto catártico. Es como una explosión que quebranta las rigideces creadas por las tensiones crónicas y libera emociones muy reprimidas, sobre todo la ira, la cólera, la bronca. En ocasiones se combinan con sollozos y llantos que continúan con los procesos de liberación emocional. El grito es un modo muy eficaz de liberar tensiones, sin embargo, muchas personas no pueden gritar porque tienen la garganta demasiado tensa o rigideces alrededor de la boca y en la mandíbula. En estos casos intento ayudar con la propuesta del grito callado. Se trata de simular el grito abriendo la boca varias veces intentado emitir un grito ahogado y por último les pido que suelten la voz. Comúnmente libran sonidos muy profundos.

La variedad de voces tiene relación con los niveles de circulación energética del cuerpo. Una voz puede ser opaca, sin timbre ni resonancia, muy baja, como si careciese de energía, o potente, con tonos graves que denotan cierta seguridad. Cada uno de estos rasgos, vistos en el marco de la terapia, son fuentes de información valiosa. De hecho, es común escuchar que, durante estos procesos, la gente modifica su tono de voz y su ritmo durante su cotidianeidad.

Recuerdo el caso de **VERÓNICA**. Su cuerpo llevaba claramente las marcas, no tan visibles, de una cadena de sustos vividos. Mostraba mucho enojo en su mirada y hacía gran esfuerzo por mantener los hombros alineados porque se le doblaban derrumbándose de tanto peso y miedo. Durante varias sesiones no fue consciente de cuanto temor cargaba en su cuerpo. Recién logró comprenderlo con toda su visceral monstruosidad mediante los gritos. Dos emociones ocuparon la irradiación de su centro: ira y temor. Ambas entremezcladas, ambas entretejidas por una red que la mantenía por fuera de toda espontaneidad. Cada uno de sus gritos hurgaba por los costados más atormentados de su vida. Sin embargo, no sabía hasta qué punto cada uno de ellos la iba vaciando de dolor. En una oportunidad, después de soltar su voz, recordó algunos momentos importantes de su niñez y adolescencia. Vio su imagen minúscula y nada atractiva, con una actitud de niña desamparada, que caminaba mirando hacia el suelo. Mientras relataba detalles de su recuerdo jugaba con sus dedos huesudos, y me lanzaba miradas agudas con mucho enojo. En otra oportunidad le pedí que recorriera su cuerpo con las manos, pero sin tocarlo y que se detuviese, especialmente, en su delgadísimo rostro. Comenzó a toser y no pudo detenerse. No le salían las palabras porque se atragantaba. Le entregué una raqueta de tenis y le pedí que golpeara sobre un colchón. Soltó gritos muy potentes hasta que, sin control alguno dijo: *"No te soporto más"*. Al retornar, juntas, intentamos decodificar el significado de ese grito. Y, en tan solo un instante, encontró una de las fuentes de tanto miedo: el acoso de su hermano que la asustaba. Él elegía estremecerla en sus momentos de relax, cuando leía, dormía. A veces se escondía detrás de puertas y cuando irrumpía de golpe ella saltaba aterrorizada. Por eso vivía amenazada con miedo a que su hermano se le apareciera en cualquier momento y la asustara. Fue un proceso trabajoso calmar semejante amenaza, pero afortunadamente sus procesos defensivos no boicotearon su terapia y pudo sostenerla largo tiempo para desarrollar recursos corporales ante los síntomas de la amenaza.

Luego, agotada, expresó unos suspiros de placidez y con un rictus de lo más seguro comenzó a decir eso que a partir de entonces tuvo trascendental importancia para un giro vital.

En la terapia psicocorporal el uso de la voz es frecuente. Dar voz a cada una de las exhalaciones asegura una respiración profunda sin tener que recurrir a la concentración mental que nos aleja del movimiento espontáneo. Luego, se hace extensivo el uso del sonido en otros movimientos, sobre todo aquellos que implican una descarga energética. La importancia de dar un sonido significativo al ritmo de descarga permite relajar la musculatura y descargar emociones.

Las emociones toman cuerpo

Como ya lo he mencionado, lo que sentimos puede leerse en la expresión de nuestro cuerpo, por eso las emociones son hechos corporales. El enojo produce tensión y una carga en la parte superior del cuerpo, rostro colorado tal vez de furia, puños apretados y mandíbula contraída. El afecto y el amor suavizan los rasgos y le dan a la piel un color rosado y luminosidad a los ojos. La tristeza presenta un aspecto de hombros caídos, y ojos opacos.

Sin embargo, cuando las emociones toman el cuerpo, se manifiestan no solo en los rasgos físicos, sino que afectan la musculatura y también los órganos.

El desarrollo de la conciencia de las emociones se vincula con el desarrollo y coordinación del sistema muscular. Lo notamos en nuestro modo de comunicar emociones desde muy pequeños. Cuando reaccionamos al dolor y al estrés lo hacemos con movimientos activos que expresan sentimientos de irritación, como por ejemplo los berrinches. A medida que vamos creciendo, si esos pataleos carecen de repuesta, pueden convertirse en ira, y algunos los expresan golpeando objetos o lanzándolos violentamente. En la ira, la excitación carga el sistema muscular, liberando movimientos fuertes desde la zona superior del cuerpo. Entre los órganos más ligados a la agresión tenemos la boca. Cuando la ira se hace cuerpo involucra la tensión de mandíbulas. Por eso en los procesos terapéuticos se le pide a la persona que adelante la mandíbula y grite. Cuando se advierte ese sentimiento, fluye la energía en sentido ascendente, cargando la cabeza y los brazos, y si se inhibe o bloquea la posibilidad de descargar esa ira, es posible que se produzcan dolores de cabeza.

En su forma más suave, la ira aparece como molestia; en la más potente, se manifiesta como furia, torbellino interno y se pierde el control del ego. El miedo y la ira son una reacción al dolor o a la amenaza del dolor. En la ira la excitación se mueve hacia delante sobre la parte superior de la cabeza; en el miedo se dirige hacia la parte posterior del cuello, alzando los hombros. La correspondencia entre las dos emociones es tal que una puede transformarse en la otra.

Si el dolor o la amenaza son opresores, huimos presos del pánico o nos quedamos inmovilizados. Se nos bloquea la respiración. El terror es equivalente a un estado de conmoción. La pérdida de tono muscular en el terror provoca que se expulse el aire y que inspirar sea prácticamente imposible.

La ira y el miedo tienen sus raíces en sensaciones dolorosas, el afecto surge de sensaciones agradables o emociones de bienestar. El afecto es un sentimiento cálido hacia alguien. El amor implica el deseo más fuerte de cercanía con otro y promete gran placer.

Quien siente miedo del placer teme al amor. Esta conexión íntima entre el placer y el amor muestra la importancia del placer en la vida. Es una reacción expansiva. Las personas afectuosas son gráciles y relajadas. Sin placer una persona se vuelve sombría. Es amargada, fría y, probablemente, tensa.

En cuanto a la tristeza, se manifiesta en algunas personas como una mirada que expresa una forma de necesidad: *"por favor, quiéreme"*, poca viveza, boca apretada, tensión en la garganta, tronco, nuca con fuerte tensión, hundimiento de pecho, pelvis hacia delante, como *apaleado*, extremidades tensas, brazos y piernas que caen a lo largo, sin energía, tensión en las rodillas, respiración y voz reducida, poca inflexión de voz, monótona.

Cuando las emociones se hacen cuerpo surge un universo de gestos, movimientos, colores en la piel, tipos de movimientos que son extraordinariamente valiosos en una terapia psicocorporal. Los matices que se producen en la interacción entre el profesional y la persona es fundante en la identificación de esa corporización de las emociones, porque se crea una conexión energética que produce confianza. Es una tarea preciosa y mancomunada que enseña muchísimo a los dos.

Las corazas musculares: armaduras históricas y blindajes emocionales

Solemos eludir continuamente a las emociones profundas. A veces hay ciertos intentos de atravesarlas, pero nos encontramos con un artesanal entramado de músculos que las protege llamado *coraza*.

Utilizo este término desde la acepción otorgada por Wilhem Reich en su ensayo *Análisis del carácter*. Este psicoanalista, discípulo de Freud, observó que el cuerpo se contrae en una posición de defensa para evitar que algunos sentimientos no deseados entren en la conciencia. Se produce una inhibición de impulsos reteniendo y tensando. Al principio la inhibición es consciente y tiene por objeto evitar más conflictos y dolores. Pero la contracción consciente y voluntaria de los músculos requieren gasto de energía y no puede mantenerse esta inhibición indefinidamente, de modo que se retira la energía de ese espacio, y entonces la resistencia a ese impulso (las emociones) se hace inconsciente.

Así, cuando tales comportamientos de defensa se mantienen durante largos periodos, la contracción se vuelve crónica y los músculos forman corazas que solo se flexibilizan durante procesos terapéuticos. Reich estudiaba el lenguaje del cuerpo de sus pacientes y consideraba que la respiración era una importante influencia en el desarrollo de la psiquis. Comprobó que las primeras reacciones de defensa para evitar sentimientos perturbadores consistían en bloquear la respiración cerrando la caja torácica y el diafragma. El objeto de su terapia era que el paciente desarrollara la capacidad de entregarse plenamente a los movimientos espontáneos e involuntarios del cuerpo y, para ello, propuso ejercicios de respiración profunda, explorando, durante esta práctica, un movimiento ondulatorio que llamó *reflejo del orgasmo*.

En el marco de la teoría de las corazas musculares, Reich incluyó el concepto de *segmentos corporales*. Éstos constituyen anillos de tensión ubicados dentro de las corazas. Son 7, el segmento ocular, oral, cervical, torácico, diafragmático, abdominal y pélvico. En cada uno de estos segmentos la circulación energética está limitada por tensiones musculares crónicas.

La terapia psicocorporal tiene su raíz en la teoría reichniana a la que se suman los posteriores avances de Alexander Lowen con la Bioenergética. Ambos contribuyen a analizar bioenergéticamente las restricciones y bloqueos que nos imponen las defensas para llegar a aquellos deseos más genuinos. De esta manera, este tipo de terapia, nos ayuda a visualizar tendencias, inclinaciones, conductas, actitudes que nos defienden desdibujando aquellas líneas que están trazadas con tinta invisible sobre los cuerpos, esa trama purísima que le dio y da forma y contenido a nuestra singularidad.

En algunos casos, el ablandamiento de las corazas despierta transformaciones y aparece como una especie de brújula que va guiándonos hacia nuevas decisiones, orientándonos hacia aquellos deseos propios.

Durante esos tramos de la vida, cuando el devenir camina sobre un desierto, cuando la sonrisa forzada y el cuerpo rígido se mueven como accionados por un motor, las tensiones se alojan en algunas cavidades corporales. Si logramos sensibilizar esas zonas y aceptar con serenidad una dosis considerable de espera, estaremos preparados para hacer descender desde ese lugar eso que se ha endurecido. Tomar conciencia de que en el cuerpo se alojan en forma de tensiones dolores guardados es otra manera de templar la ansiedad por la mejoría rápida. Tomar conciencia de estas corazas nos ayuda a trabajar la impaciencia y penetrar en esos espacios inciertos que guardan lo inconsciente. Es una ruta no tan disponible para recorrer, pero que se puede transitar con apoyo profesional. Al sentir el paso a paso, es posible que algo adentro se suelte y la maraña muscular se transforme en pequeñas hebras de ligamentos liberados.

El segmento ocular: territorio de profundas franquezas

El segmento ocular, es el primer segmento que un recién nacido tensa ante situaciones que amenazan su vida. Abarca la musculatura encargada de los movimientos de los ojos y de la expresión de la mirada, también los oídos y los músculos profundos de la nuca. Los ojos no suelen mentir si sabemos mirarlos. Se dice que son el espejo del alma, la cara verdadera delante o detrás de todas las caras posibles. Por eso, uno de los modos de enraizar, como ya he relatado, es a través de los ojos. Nos ofrecen mucha información sobre nuestro estado emocional.

Cuando miramos a los ojos proyectamos emociones. Se desprenden franquezas que resultan tan elocuentes que no hacen falta palabras para explicarlas. Y, al margen de los papeles tan bien ensayados, los ojos expresan con llaneza, honestidad, sin trampas, sin adornos ni excusas. Cada sentimiento tiene una mirada especial. Lo que sucede es que a veces no logramos encontrarnos con esos destellos de franqueza porque las poderosas resistencias nos quitan la capacidad de verlas. Descubrir la verdad en la mirada es una tarea preciosa que permite esclarecer, penetrar por detrás de esa lámina encubridora. Solo falta otro que nos ayude a poder ver a través de las grietas y las fisuras.

La lectura corporal va de lo más superficial o lo más profundo. Observamos, por ejemplo, en la mirada que, cuando la persona hace referencia a alguien que la atrae se le dilatan las pupilas, o cuando se sorprende se ensanchan, o cuando intenta recordar algo dirige la vista hacia arriba o cuando se suspende en pensamientos muy introspectivos dirige la mirada hacia abajo.

A veces los ojos traen muchos filtros, como placas que se van cayendo a medida que se genera un entorno de confianza y detrás de sonrisas forzadas aparece la rabia, la pena, la concentración, el placer y, sobre todo, el miedo. La rabia hace que las cejas se arqueen y el ceño se frunza.

Es muy importante el encuentro entre la mirada de la persona y su terapeuta. Cuando las miradas se descubren se produce una especie de hermandad con intenciones sanadoras, como si fuera yo misma quien estuviera allí, pero con una mirada compasiva. Se siente ese pánico, se ve ese reflejo especial de desesperanza, de temor. Es allí donde comienzan a deslizarse los filtros y se observa que ese acorazamiento, además de afectar la mirada, también estaba involucrando los músculos del resto de la cara, los hombros y el cuello y allí incluye otro segmento que es el oral. Por eso, las emociones de llanto, de morder con rabia, de gritar, chupar y hacer muecas de toda clase dependen de la movilidad de ambos segmentos.

Es tal el magnetismo de estos órganos fascinantes que a veces no somos plenamente conscientes de todos los secretos que esconden. Así, algo que saben bien los expertos en comunicación es que, aunque muchos de nuestros comportamientos, actos y palabras pueden filtrarse por los condicionamientos sociales y por nuestra voluntad, la mirada expresa un tipo de lenguaje que no siempre podemos controlar. Por eso es tan importante entregarse a la posibilidad de habitar el cuerpo y acceder a la escucha de sus voces.

Las patologías del segmento ocular son diversas: van desde las cefaleas y jaquecas hasta las disfunciones oculares como miopía, astigmatismo, hipermetropía, estrabismo, etc.

El segmento oral: camuflaje de llantos y frustraciones

El segmento oral abarca toda la musculatura implicada en la masticación y en la succión. Internamente incluye la lengua, la faringe, las glándulas salivales y las tres primeras vértebras. Externamente, el labio superior e inferior, el mentón, la base de la mandíbula inferior y la región occipital. La flexibilidad de la coraza del mentón da como resultado la liberación de llanto o el deseo de succión. En este segmento quedan registradas las primeras experiencias de frustración y gratificación. Las emociones relacionadas son la pena, la rabia y la dependencia.

Recuerdo el caso de **VANESA**. Ella vivía con dolores corporales. Permanentemente las molestias boicoteaban sus fuerzas para encarar cada tarea. La impaciencia era su estado cotidiano, y eso le generaba anillos de tensión. No respiraba fluidamente porque los pasajes donde debía circular el aire estaban bloqueados. El foco del trabajo fue la forma en que respiraba para luego acompañarla con sonidos de descarga corporal. Cuando el ritmo de su respiración se apaciguó, su tono aminoró la prisa interna.

La mandíbula de Vanesa era una zona que se endurecía a causa de bloquear llantos e ira. Este bloqueo permaneció mucho tiempo y se expandió a su cuello, omóplatos y zona inferior de la columna. Movía lentamente la mandíbula, pesadamente de lado a lado, adelante y atrás y en forma circular. Cuando comenzaron a aflojar las tensiones, aparecieron cadenas de bostezos y suspiros contenidos. Bocanadas de aire que salían del cuerpo, indicadores importantes de que ya no contenía el aliento. Tomó conciencia de cuánto había inhibido su capacidad respiratoria. La condicionó tanto, la ató, la bloqueó a causa de tantas tensiones que no había manera de dejar paso al aire. Esas zonas del cuerpo se llenaron de una corriente fétida, estancada. Sin embargo, en un momento, soltó y el aire entró a galopar libre. Detrás de esa marea que salió por entre las compuertas surgieron más bostezos. No pudo detenerse. Porque de tanto aire que brotó, necesitaba volver a abastecerse. Sus ojos se abrieron más y su boca de sonrisa le permitió dejar pasar todo el oxígeno que le estaba faltando. Abrió el pecho para vaciarlo de impurezas, le quitó todo el aire enviciado. Surgió una sonrisa que deshilachó despacio tensiones acumuladas. Algo exquisito sucedió, su centro descendió y la planta de los pies se afirmó más a la tierra. Descubrió que podía moverse con menor esfuerzo y el deleite de la espontaneidad apareció. Renovada, percibió una sensación de limpieza interna, el cuerpo desechó las impurezas y no volvió a ser la misma.

En este caso, como en muchos otros, el problema de Vanesa era que guardaba un cúmulo muy grande de emociones detrás de esa magistral inhibición del llanto. Su necesidad de liberar tensiones se agudizaba con el bruxismo (movimientos mandibulares que hacen erosionar la dentadura). Cuando logró soltar la mandíbula, lanzó un gemido muy primario. Estaba allí, esperando, resguardado detrás de sonrisas artificiales que nacían y morían en pocos segundos. Ella utilizaba mecanismos de control que la armaban hasta las cejas. Sin embargo, cuando tomó conciencia de eso que la tensaba y buscamos darle sentido a aquello que había obstruido la zona, la voz se le transformó. Una voz que se hizo propia y desarropó tanto bloqueo. Tragaba lo que no podía expresar porque existía un abismo entre sus dolores, su bronca, su ira y la posibilidad de manifestar esas emociones. La boca era un lugar de contención, cálido y placentero que albergaba un universo de sabores, una mezcla de carencias y ansiedades solo reparadas por atracones de comida que se producían de manera vertiginosa. Y luego la cadencia, el mundo de la nada tras una somnolencia mortífera que agujereaba un estómago desbordante. Cuando encontró la raíz de su ansiedad pudo soltar el llanto, lloró a lágrima viva, a chorros. Lloraba las digestiones, limpió su pecho de tanto padecimiento, de tanto llanto estancado. Lloró todo bien llorado. Lloró con la cara, con los brazos, con los pies, con la voz. Lloró de odio, de hastío, de alegría por la boca y algo calmó la ansiedad.

Por la boca ingerimos parte del mundo que nos rodea. La boca es el sustituto inmediato del cordón umbilical. Después de la respiración, el segundo reflejo vital del bebé es el de la succión. Por eso las experiencias impresas del amamantamiento son cruciales. La relación boca-seno es la base sobre la cual se asienta nuestro desarrollo psicoafectivo y, como hemos visto en la construcción de las relaciones de apego, no solamente es alimento lo que viene del pecho de la madre. Cuando la boca llega al seno materno y lo encuentra desenergetizado percibirá este vacío como propio. La carencia física y emocional de la persona le impedirá buscar temiendo el rechazo, lo cual pasará a generar violencia, localizada especialmente en los maxilares. Esta es la emoción básica de este segmento.

De la misma manera que el segmento ocular, el desbloqueo de este segmento pasa por la recuperación de las capacidades funcionales innatas como chupar y morder.

El segmento cervical: el universo del control

El segmento cervical abarca los músculos del cuello y cintura escapular. Es un segmento importante para el control emocional de uno mismo y para con el entorno. Internamente incluye el músculo esternocleidomastoideo, la tráquea, la tiroides, la base de la lengua y las cuatro últimas vértebras cervicales. Se puede comprender la función emocional de este anillo conteniendo la ira o el llanto. Este proceso puede aflojarse si terapéuticamente se despierta el reflejo del vómito. Con este reflejo la onda de excitación del esófago se desplaza en sentido contrario a la que tiene lugar al tragar la ira o el llanto. Desde esta acción suelen soltarse las emociones contenidas en esa cavidad tan amordazada que es el acorazamiento.

Es una región clave para bloqueos generados por el pensamiento maquinal. Entre esa mixtura que se produce de ideas, pensamientos, imágenes, diálogos internos con emociones, deseos, está el cuello. Una zona estrecha de músculos, centros ganglionares del sistema nervioso y órganos. Un cuerpo escindido, padece fuertemente las tensiones crónicas de este segmento. Es una región relacionada con la expresión, la comunicación verbal y la autoimagen, además de tener una función íntimamente ligada con el control.

La limitación de los movimientos del cuello implica una dificultad para mirar a su alrededor. Los bloqueos propios de este segmento repercuten en toda la columna y produce rigideces alrededor de las vértebras y omóplatos. Las corazas instauradas en esta zona traen inhibiciones del grito, del llanto, genera una seguidilla de toses y congestión en la garganta.

Asumir responsabilidades que sobrepasan la capacidad de realizarlas genera tensiones y contracturas en los músculos de los hombros. También se produce en quienes asumen actitudes excesivamente altruistas que privilegian el *vivir por los otros*.

Segmento torácico: expansión y aliento

El segmento torácico comprende los músculos encargados de la respiración, excepto el diafragma, y también los encargados del movimiento de los brazos. Sus tensiones se vinculan con el dolor, el llanto profundo, el anhelo. Es un segmento importante pues en él se encuentra el corazón y los pulmones. El tórax es la sede de los sentimientos profundos hacia los demás por eso aquí se localiza predominantemente la energía afectiva. El ritmo cardíaco influye amplia y directamente en nuestras emociones. Puede observarse una expansión torácica crónica. Ocurre cuando la musculatura de la caja torácica está rígida, hay un exceso de carga y de energía que muestra una sensación de fuerza y poder. Sin embargo, hay problemas en la renovación del aire, es decir, muy poca movilidad respiratoria.

En el otro extremo está la contracción torácica crónica. Sucede cuando el pecho se estrecha y permanece débil. La musculatura está subdesarrollada, con poco flujo energético. Se padece de sensaciones y emociones limitadas. Una exagerada autoprotección termina por impedir sentimientos de ternura y amor. El pecho está como cerrado.

A pesar de ser el amor la emoción básica, es común que todo el sistema funcione en forma ambivalente, con la presencia de odio, ira y disgusto, frutos del amor que no se puede dar y/o recibir. La musculatura del tórax se fue entumeciendo cada vez más y encerró dolores, lo encapsuló en el pecho. Los tormentos permanecen dentro de envolturas bien cerradas y custodiadas por miedos.

El segmento diafragmático: el segundo corazón

El segmento diafragmático abarca el diafragma, por muchos considerado como el segundo corazón. Permite la conexión energética entre el abdomen y el tórax. Este bloqueo está en la base de todos los trastornos de ansiedad. Dificulta que percibamos nuestras necesidades con su correspondiente componente emocional. Contiene las estructuras del diafragma, el estómago, el hígado, la vesícula y los riñones. Actúa como un bombeador para la respiración, la circulación y la digestión. Algunos hacen referencia al diafragma como el segundo corazón por ser considerado una bomba energética.

Cuando las tensiones crónicas de este segmento se aflojan, se suelta la ansiedad y se hace necesario recuperar el aliento. Esto quiere decir, restablecer la circulación del aire para renovar energéticamente el cuerpo. Una tarea muy relacionada con la práctica de procesos respiratorios profundos y apertura pectoral.

La estructura nerviosa del estómago se moviliza a partir de la necesidad de recibir el amor como alimento, y la agresividad y la ira aceleran el paso del alimento en el estómago. Existe un vínculo entre hígado, vesícula, disfunciones del diafragma y los estados de angustia.

Este segmento está constituido exclusivamente por el diafragma, un músculo en forma de bóveda que separa herméticamente el tórax del abdomen. Está atravesado por una gran cantidad de vías nerviosas, venas, arterias, meridianos de energía, vasos linfáticos, el esófago, etc. Está directamente implicado en la respiración y es el responsable de los cambios de presión en nuestro interior para que el aire entre y salga, responsable por tanto de los movimientos de inspiración y espiración. Por eso cuando la respiración es afectada por las tensiones crónicas reduce el aporte de oxígeno, de modo que todos los procesos energéticos no llegan a la superficie. Si no hay oxígeno no hay combustión, y si no hay combustión no hay suficiente energía circulando para poder moverse con vivacidad. Entre otros efectos, se interrumpe el flujo energético entre el abdomen y el tórax y gran parte de la energía queda circulando a modo de circuito cerrado desde el tórax hacia arriba, fomentado la racionalización y la actividad intelectual. Las alteraciones en el diafragma están en la base de los trastornos de ansiedad, por lo tanto el trabajo corporal está muy orientado a la práctica de una respiración más plena.

El segmento abdominal: fuego y sexualidad

El segmento abdominal incluye los músculos abdominales, lumbares y el intestino. Aquí está ubicado el centro energético del cuerpo, el Hara, situado alrededor de 4 centímetros por debajo del ombligo.

Desde el punto de vista reichiano, este segmento es el lugar de registro de las experiencias infantiles iniciales e incluso de las intrauterinas. Un hijo no deseado registra el rechazo ya en el útero, traducido en tensiones corporales, frialdad, poco refugio. A partir de ahí puede comenzar el proceso de la formación de corazas en esta región, por donde contacta con su madre, a través del cordón umbilical.

Muchas experiencias negativas y traumáticas que la persona no puede asimilar adecuadamente crean un núcleo de dolor psicológico profundo que genera sintomatología vinculadas a este segmento.

Es un segmento ligado a la obsesión, el control y el poder. Se localiza a modo de anillo de tensión a lo largo del vientre, es clave para la digestión de las emociones *negativas* como el estrés o la tensión nerviosa, además de servir de reservorio para las emociones reprimidas.

Un vientre tenso dificulta la percepción de los sentimientos sexuales procedentes de la pelvis.

El segmento pélvico: el enraizamiento

El segmento pélvico incluye la pelvis y las piernas. Se relaciona con el arraigo, la seguridad, el asentamiento en la realidad, la entrega al placer y al contacto tierno con el otro y con el medio. También se vincula con las necesidades sexuales y la identidad sexual.

La pelvis es un reservorio energético relacionado con la capacidad de entrega y placer y, por lo tanto, con la capacidad de contacto tierno y agresivo. En la pelvis ocurre que el placer inhibido se convierte en rabia, y la rabia inhibida en espasmos musculares, y también en angustia.

El bloqueo de la pelvis nos indica que la persona tiene dificultad para la entrega espontánea y libre a los demás y la entrega a sí mismo. Una pelvis bloqueada rígidamente nos indica una profunda desconexión con nuestros sentimientos y un refugio en la racionalización emocional como defensa. Su bloqueo implica, entonces, una reclusión de nuestro reservorio energético hacia el resto del organismo, dificultando la toma de conciencia de todas las sensaciones y estados emocionales. Esto trae como consecuencia la dificultad para llegar a estados placenteros de relajación y la sensación de estar energizado. Afecta de manera fundamental al sentimiento de seguridad en uno mismo y por lo tanto a los procesos de enraizamiento. Dicho en otras palabras, se interrumpe el flujo energético hacia las piernas y los pies, dificultando la estabilidad y el arraigamiento.

Los órganos y las emociones

SEGMENTOS CORPORALES DE WILHELM REICH

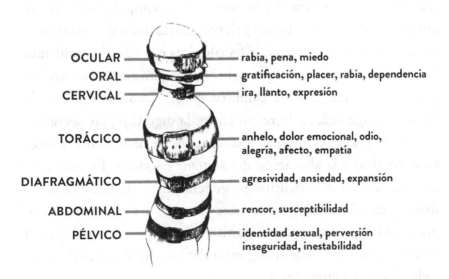

OCULAR — rabia, pena, miedo

ORAL — gratificación, placer, rabia, dependencia

CERVICAL — ira, llanto, expresión

TORÁCICO — anhelo, dolor emocional, odio, alegría, afecto, empatía

DIAFRAGMÁTICO — agresividad, ansiedad, expansión

ABDOMINAL — rencor, susceptibilidad

PÉLVICO — identidad sexual, perversión inseguridad, inestabilidad

Una infografía de Bioenergética MALAGA.
Textos © Juan Fco. Díaz 2016 / Ilustraciones © "Anatomía emocional" de Stanley Keleman.

Somos una unidad compuesta por cuatro dimensiones inseparables: orgánica, mental, emocional y energética. No hay ni una sola célula del cuerpo que escape al control del cerebro, y este no escapa al control del pensamiento, consciente o inconsciente; de manera que ni una célula del cuerpo escapa al psiquismo. Un impacto siempre va acompañado de un sentimiento personal que repercute en nuestro cuerpo.

Cuando hay circunstancias, estados, ambientes, nutrientes que nos afectan, se genera un desequilibrio. Para la medicina oriental esta alteración aqueja a la entera unidad psicosomática (*Psico*: emocional; *somático*: cuerpo desde su efecto físico) del sistema orgánico junto con nuestro sistema energético. Se produce un movimiento interno que desestabiliza y aparece el síntoma.

Según nuestra perspectiva, todas las manifestaciones sintomáticas de carácter fisiológico tienen un componente emocional. No existe lo uno sin lo otro. De hecho, el concepto de emoción incluye la vertiente psicosomática dado que éstas provocan una serie de reacciones fisiológicas en todo el organismo. Por ejemplo, una noticia que conmociona, un accidente, un imprevisto, pueden generar cambios en el ritmo cardíaco, en la presión sanguínea, en la respiración, la digestión, las secreciones de diversas hormonas, la liberación de neurotransmisores en el cerebro y la alteración del sistema nervioso. En este caso ante esa situación repentina se genera una serie de reacciones fisiológicas. También puede suceder que, a mediano o largo plazo, si las situaciones desestabilizantes permanecen, dañen el funcionamiento de algún órgano relacionado, desequilibrando todo el sistema energético.

En el contexto de repentinas reacciones emocionales y, a veces, hasta explosivas, la energía vital (el equivalente al sistema inmunológico) se debilita, bajan las defensas fisiológicas y emocionales, y aparecen los síntomas, un aviso útil de que la salud integral puede estar amenazada.

Todo lo que captamos a través de los cinco sentidos, lo que pensamos o imaginamos, se traduce en realidad biológica. El cerebro no distingue entre lo real y lo imaginario, de modo que un sentimiento particular afecta a una zona precisa del cerebro, a un órgano y a una realidad energética.

Según la medicina china, diferentes emociones corresponden a distintos órganos del cuerpo. Atender ese vínculo puede servirnos para identificar el impacto de las conmociones, tristezas, alegrías y enojos en nuestra fisiología. Esta manera de transitar el autoconocimiento nos brinda informaciones útiles para no temerle a los desequilibrios o los síntomas psicofísicos repentinos.

En este recorrido solo abordaremos una parte limitada de nuestros órganos dado que, la complejidad de nuestro sistema orgánico, amerita un desarrollo mucho más extenso.

Hace más de una década era impensable referirse a la inteligencia de algunos órganos para captar los estímulos del entorno. Por ejemplo, nuestro estómago, desde el punto de vista fisiológico, contiene y procesa los alimentos, sin embargo, en algunas personas las afecciones relacionadas con el estómago (úlceras, acedías) se relacionan con las dificultades de digerir o asimilar experiencias, ya sean nuevas, hostiles, forzadas o excitantes.

El **hígado** no solo filtra y elimina desechos, sino que también se ocupa de neutralizar venenos, toxinas, microbios y sustancias cancerígenas. Mata virus y microbios, desactiva y evacua las sustancias tóxicas que ingresan al organismo por diferentes vías, purifica la sangre de residuos del metabolismo celular y elimina desechos de fermentaciones y putrefacciones intestinales. Concebido desde el punto de vista energético y emocional, la imposibilidad de filtrar la toxicidad de las relaciones sociales, la negatividad del entorno, vincula a este órgano en situaciones de desequilibrio, a la tendencia a la irascibilidad. De modo que, el hígado es la sede de la rabia, la ira y el odio. La rabia, por la acción de la bilis, genera un sabor amargo en la boca, ojos enrojecidos o amarillentos, rubor en la cara y el cuello, vértigo y especialmente dolores de cabeza.

El **páncreas**, es una glándula cuya función es elaborar enzimas que ayudan a la digestión de grasas, carbohidratos y proteínas contenidas en los alimentos. Cuando el páncreas funciona normalmente, la concentración de glucosa en sangre varía como respuesta a una extensa variedad de sucesos, situaciones de estrés o infecciones, pero permanece en sus límites normales. Por eso desde el punto de vista emocional se vincula con la dulzura y calidez en los afectos. El páncreas representa la capacidad para expresar e integrar el amor dentro de nosotros y para transigir con los sentimientos opuestos (la ira, por ejemplo) sin crear dolor. El páncreas puede ser dañado por estados de amargura, por preocupaciones excesivas, rechazo, enfado y frustración.

Si el **corazón** late de una forma coherente, envía señales al cerebro para que elimine el estrés mediante un proceso fisiológico de reducción de hormonas del estrés y aumento de hormonas positivas. En esta situación, el ritmo cardíaco funciona de manera suave y equilibrada. El equilibrio de la energía cardíaca induce a un estado de serenidad y generosidad: se sabe dar y recibir amor. Si el corazón sufre un desequilibrio energético provocando irregularidades, por altas presiones, estrés, excesiva exigencia física y mental, el ritmo cardíaco se traduce en palpitaciones, taquicardias, nerviosismo y hasta en paro cardíaco.

El **bazo-páncreas** se localiza justo en el centro del tronco, regula la transformación y el transporte de la energía vital, además, controla el tejido muscular. El estómago que recibe y procesa los alimentos se asocia al bazo. La energía ascendente del bazo-páncreas con la energía descendente del estómago, confieren al conjunto una estabilidad energética. Existe una relación entre la preocupación crónica y los trastornos estomacales tales como las úlceras y la indigestión.

En nuestros **pulmones** se alberga la capacidad de inhalar y exhalar. Este órgano está directamente relacionado con el primer contacto de vida, la inspiración, y con el último contacto, la expiración. Los pulmones son la conexión entre el cielo y la tierra, tomamos aire del universo y lo llevamos hacia nuestro interior y si se desarrolla en un perfecto equilibrio nos enraizamos y revitalizamos al organismo. Los pulmones representan nuestra capacidad de recibir y dejar ir a través de la respiración. Las dos emociones principales que afectan a los pulmones son la tristeza y la melancolía.

La función principal de los **riñones** es la de extraer sustancias indeseadas de nuestra sangre. Para hacerlo, tienen que desechar lo que daña nuestro cuerpo. Trabajan para mantener un equilibrio ácido y alcalino en la sangre. En la medicina china los riñones son considerados como *el asiento del miedo*. Cuando existe un miedo que no podemos expresar, o que incluso no captamos conscientemente, los riñones se debilitan.

Siempre que un órgano del cuerpo humano se desequilibra genera un efecto de cascada, desencadenando un desajuste energético en todo el organismo, una auténtica sinergia de malestar físico, emocional y mental.

Escuchar la voz de los órganos a través de los síntomas constituye un modo de transitar procesos de sanación. De manera que cualquier órgano dañado no solo nos alerta ante disfunciones fisiológicas, sino que también nos avisa sobre desequilibrios en nuestra realidad afectiva.

Según nuestra perspectiva, es tan importante atender la carencia física como la emocional asociada. Una actitud atenta a este lazo resulta una saludable actitud preventiva. Si aprendemos a cuidarnos física y emocionalmente evitaremos la aparición de muchas alteraciones psicofisiológicas o las afrontaremos con mayor efectividad en caso de que se presenten.

EL CUERPO COMO PROCESO

Si en algún momento de nuestros días un malestar desborda el cerco de lo tolerable, y atranca la fluidez de nuestro organismo, recomiendo detenernos. Hay algo en el interior de nuestro organismo que está generando algún movimiento interno. Respiremos con los ojos cerrados. Hay una advertencia que se manifiesta. Fuerzas potentes han llegado hasta el hueso. Agitan un cocktail de síntomas que repican a veces con insistencia.

Se alzan cuando las detonaciones de lo dañino se implantan como astillas.

Primero se forma la capa defensiva de la mente: reproches, desconfianza, racionalizaciones. Le sigue la capa muscular en la que se encuentran las tensiones crónicas. Continúa la capa emocional, esas emociones reprimidas de ira, pánico, desesperación, tristeza y dolor. Y, por último, la posibilidad de encontrarse con el sentimiento genuino del amor.

Para localizar las capas más profundas debemos llegar a eso que está retenido bajo el yugo del control. Componer la circunstancia que dio existencia a la dolencia nos permitirá visibilizar cada una de las capas. Con tenacidad ablandaremos las espigas para que lentamente se caigan. Sentiremos un dolor diferente, sanador, que libera al músculo, que hará emanar sentimientos y autoconfianza. Lo que viene después es la energía que fluye, la gracia del movimiento y la belleza física. Vale la pena comprender este recorrido como un *proceso* para *sanarse*.

Abrir para dejar pasar

Si nos permitimos decodificar la información que nos brindan las voces del cuerpo y le damos espacio a la tolerancia, se deslizarán, poco a poco, los velos de las cubiertas hasta llegar al síntoma. Y entre las nervaduras de ese caos, entre la opacidad del dolor que quitará, por un rato, la vitalidad, advertiremos un reflejo de color. Detrás de todo se vislumbrará un agua definida, una calle precisa, un latir interior alegre. Una sensación placentera.

Envolver con ternura la vida para elevar y a la vez enraizar nuestra fuerza vital implica penetrarla hasta la fuente, hasta la esencia del ser. Sin embargo, adentrarnos en nuestras profundidades no requiere solo un hondo análisis discursivo, ni un trabajo de resignación, ni de pasividad, ni de impulsividad alocada y ciega, ni de reflexión permanente frente a la pared o al oído de un amigo. No se trata de esforzar a la razón para explicar cualquier cosa que sucede, hay que meterse en el tuétano de la vida a través de un proceso de experimentación con lo más profundo de uno mismo, los *sentimientos*. Esto implica la combinación de vibraciones físicas y procesos de análisis reflexivo que levantarán la fuerza del pensamiento, la firmeza de la acción y la serenidad de los afectos.

Aprender a atravesar planos de conocimiento hermanados con la voz de las sensaciones, nos permite vislumbrar el alcance de las acciones de una manera corporizada. Tal vez en esa búsqueda dejemos de ser complicados para volvernos lo que verdaderamente somos. Estamos cada día frente a un gran viaje, no habría buena calidad de vida sin asistir a ese viaje o escamoteando la inversión que tal viaje nos pide.

En cada momento de la vida existen maestros o maestras que nos liberan. Éstos no solo están fuera de nosotros, también están adentro. Solo debemos afinar nuestra escucha para darnos la posibilidad de elegir, con lucidez física y emocional, plantarnos y sostenernos sobre los pies. Es un modo de buscar nuestra singularidad, lo que nos distingue de los demás. Cuando más se lidia con la des-singularización, más se precisa de procesos de enraizamiento. Es como una des-territorialización corporal tanto individual como social. Siempre hay mucho por hacer, por eso la insistencia en los procesos de revitalización o, dicho en otras palabras, de búsqueda de energía vital. El primer paso es tomar conciencia y luego activar para transformar. Volver a la búsqueda del ser, no del parecer.

Abrirse para *dejar ir*, a aceptar lo que no se pudo ser y no se olvidó ayuda a vaciar cargas. Al principio se advierte como un hueco, pero es solo el lugar que queda para lo nuevo, eso que desea llegar. El pasado es historia, sirve para aprender. Nuestro trabajo es advertir cuando llega cierto estancamiento o bloqueo y no nos permite transformar ese pasado y darnos el lugar para mutar.

Las personas cambian, evolucionan, aprenden de los errores y cada tiempo nuevo que tenemos por delante es una oportunidad para el desarrollo, para ser quien queramos ser.

De la intención a la acción

El crecimiento es un proceso natural, que no puede forzarse. Su ley es la de todos los seres vivos. El árbol, por ejemplo, sólo crece hacia arriba si sus raíces se hunden en la entraña de la tierra. Aprendemos gracias al estudio del pasado. Una persona sólo puede crecer, por lo tanto, fortaleciendo sus raíces en su mismo pasado. Y el pasado del individuo es su cuerpo.

De esta manera, en la medida que nos reencontremos con ese pasado desde otra etapa, lugar, sensación y perspectiva, puede suceder que, con toda la potencia latiendo, y presos de un extraño ímpetu, nuestra libertad se suelte. La paz de ese momento, que no es más ni menos que la cara de la sanación, tal vez se interrumpa por confusiones y síntomas que manifiestan resistencias. La libertad será real cuando logremos soltar el peso que no necesitamos, cuando le demos lugar a las franquezas instantáneas, cuando concienticemos nuestra autenticidad en las relaciones y aprovechemos cada oportunidad para hacerlo.

Esto requiere una tarea importante: dar espacio a nuestras intenciones para luego llegar a la acción.

Un proceso posible es el siguiente:

- Identificar las creencias limitantes sobre nuestras capacidades, y aquellos patrones y conductas repetidas que obedecen a esas creencias.
- Revisar las experiencias del pasado que forman el filtro para valorar positivamente las situaciones.
- Experimentar aquellas emociones que han impactado la vivencia de estos momentos. Nuestras percepciones y prejuicios sobre nosotros mismos y los demás, el desconocimiento

y luego el conocimiento de nuestro verdadero potencial y de nuestro poder para el cambio. La percepción de nuestra desorganización corporal desalineada o descoordinada para poder coordinarla y así también ordenar ideas y pensamientos.

¿Qué pasaría si cambiáramos el filtro de nuestras percepciones, cambiando nuestros pensamientos, palabras y acciones para crear una acción más adecuada a nuestros deseos?

¿Qué nuevas acciones o proyectos pondríamos en marcha?

¿Qué pensaríamos de manera diferente para tener resultados diferentes?

Tener una intención clara no es suficiente para la acción, aunque la intención sea energía que nos mueve. Nuestros gestos, movimientos, posiciones y desplazamientos movilizan nuestras intenciones y acciones.

El cuerpo es actor importante del cambio pues se expresa en un espacio y en un tiempo, en una dirección y en una orientación y se mueve con un deseo determinado.

Ahí donde no nos sentimos muy hábiles en nuestros gestos y movimientos, sentiremos dificultad en la acción. Ahí donde nuestro deseo no coincida con nuestras posibilidades, nos sentiremos limitados.

Todos estamos llenos de buenas intenciones y propósitos, pero lo que realmente produce cambios y moviliza la energía es el paso a la acción. *Por pequeña que sea, una acción tiene mucho más poder que la más grande de las intenciones.* La intención pertenece al mundo de las ideas, lo subjetivo, lo abstracto, mientras que la acción implica lo real, lo físico, lo concreto.

Se trata de equilibrar pensamiento, emoción y cuerpo. La intención pertenece al ámbito del pensamiento, es una idea, un deseo. A esta intención, tiene que unirse la parte emocional, que en este caso es la motivación, lo que me mueve, el sentimiento que hay detrás. Los dos elementos anteriores quedan sin materializarse si no pasamos a la acción, que en este caso es lo relacionado con lo físico, lo concreto, lo corporal. Los tres elementos son igualmente necesarios: sin intención no se iniciará nada; sin una motivación auténtica y sana, las acciones o intenciones serán una cáscara vacía, un actuar a través de una imposición o exigencia. *La intención es el origen, pero la acción es el elemento transformador.*

El dolor como sanación. De la amenaza a la oportunidad

La impronta de miradas afectuosas crea senderos que hacen circular el color por nuestro cuerpo. En cambio, las huellas de la amenaza generan velos de miedo que empañan la autocontemplación. Si se replican, la densidad de esos velos crecerá. Y, si al actualizarse más y más logran que el cuerpo se agite, entonces, por vergüenza a mostrar ese temor, utilizaremos el disimulo y guardaremos nuestras franquezas detrás de ese grueso velo. La autocontemplación a través de esa mirada puede ser la vía para sentirnos un espíritu libre. Quizá, por momentos, nos veremos y por otros nos resguardaremos para defendernos de antiguos dolores. A través del *arte de la mirada* conviviremos con sombras y claridades. Probablemente el camino a veces resulte escabroso. Únicamente si lo transitamos se esclarecerá un modo de mirarse desligado de presunciones y expectativas porque se expresará desempolvado de interferencias. Si además tenemos la dicha de llegar a la *transparencia*, conseguiremos reunirnos con la emoción, esa *mirada que viene del corazón.* Ya no necesitaremos ser constantemente redefinidos por otras perspectivas instaladas desde siempre. Así comenzarán a develarse las miradas que nos afectaron, veremos a quienes se nos acercaron o se nos acercan desde miradas suaves, o a quienes nos avasallaron con gestos amenazantes. Al principio nuestra autopercepción aparece como un collage o una línea ondulante flotando entre cientos de voces que suenan desde lejos: hermosa, fea, mala, buena, eficiente, inútil... Si con el tiempo aprendemos a resignificarlas para poder darles otros sentidos, y si alguna vez logramos desligarnos de ellas, tendremos la dicha de encontrarnos con nuestra primera naturaleza, una fuerza superior que nos conducirá a ser más libres para elegir y dejar paso a lo más bello y maravilloso que nos regala la vida: *ser uno mismo.*

Empezamos a sentirnos como un *espíritu libre* cuando logramos concientizar y desligarnos de presunciones y expectativas que fueron tiñendo nuestro crecimiento. Es como experimentar una reconstrucción personal de cero a cada minuto. Todo resulta novedoso. Al principio se advierte una soledad que entusiasma. Nos miramos al espejo y capturamos nuestra imagen redefinida. Quienes nos rodean captan nuestro cambio con miradas suaves, trémulas, o con enérgicos gestos de asombro. Antes de la magia, había un torrente de juicios que nos generaban titubeos. Advertíamos mucha incomodidad. Entremedio algo asomaba, pero eso que presionaba aún no podía emerger porque las opiniones dolían y se escondían en algún lugar de nuestra garganta. Tuvimos que animarnos a soltar la voz para adentrarnos en lo no pensado. Para transitar la ruptura de cercos que aún nos sitiaban. Así, poco a poco, destrabamos trancas y llamamos con palabras a aquello que habíamos ocultado. Animarnos a *develar lo prohibido* y actuarlo nos conectó con nuestras corazas. Al formular frases tocamos una capa, al actuarlas, otra. No vino el alivio rápido porque, entre lo pasado y lo novedoso, se interpuso el miedo y apareció la angustia. Oscuridad y claridad en convivencia. La vitalidad estaba allí y, entre paso y paso, la franqueza saltó a la superficie. Sucedió de manera espontánea. Seguidamente, tuvimos que atravesar un camino sinuoso. Navegamos por escenas vividas. Ese nuevo pasaje por las heridas, hizo resonar sentimientos añejos. Surgieron actitudes, respuestas, modos de ser desconocidos. Necesitamos tiempo y paciencia para habituarnos a nuevos entornos. Pero, a pesar del cambio, volvió el dolor, porque seguía actualizándose lo viejo. Lo provechoso fue que se ablandaron otras durezas y eso permitió hacer resurgir emociones. Brotaron gemidos agazapados provenientes de situaciones amenazantes, estremecimientos convertidos en tensiones y espasticidades en la musculatura por contener tantos impulsos. En medio de estas manifestaciones se vislumbraron otros rastros del pasado y se expresaron a través de enojos combinados con tristezas. Liberamos a un personaje esmeradamente construido a través de actitudes defensivas. Estábamos encarcelados en celdas que creamos sin registro alguno. Al soltar todo lo guardado ahuyentamos a los demonios y comenzamos a perderle el miedo a los juicios. Ya no eran una amenaza para nuestra integridad. Y, a pesar de que los volvimos a oír, nuestros ojos ahora tenían brillo porque habían desbloqueado tensiones. Resultó muy esclarecedor advertir cuánta insatisfacción habíamos padecido durante esos años de enajenamiento. Vivíamos aislados de nosotros mismos. Y recomenzó una etapa diferente, más auténtica y con recursos para afrontar los dolores. El trabajo interior nos regaló un mar de oleadas frescas, de vitalidad, de flexibilidad ante lo nuevo. Se abrió un panorama diferente al vivido, más amplio, liviano y con mucho menos sombras asediando continuamente. Luego todo siguió girando, pero lo que se instaló con mucha fuerza, fue la posibilidad de renovarnos animándonos a más cambios.

La vida de nuestro cuerpo ahora nos mira con calma. Parece que el mundo se despliega y nos sentimos tan intensas e intensos para poder dar todo lo que somos. Se despierta una especie de giro que no necesita palabras. Crea algo único, hermoso, verdadero que potencia nuestro amor por la vida. Observamos con disfrute cómo desplegamos nuestro potencial para tripular lo que viene con intensidad. Y se nos dibuja una sonrisa cándida a medida que avanzamos. Notamos la extraordinaria magia de lo que viene con apertura y nos encontramos con nuestra presencia, la miramos con los ojos entornados acunados por una base que se esparce.

La tarea de reencontrarse con uno mismo deja espacio para la creatividad, el instante en que algo se suelta con un impulso de calidad desconocida y produce la magia de la expresión genuina. Animarse a dar existencia a lo diferente, a rescatar esa mixtura entre lo conocido y lo desconocido (que facilita vivir con casi nada impuesto), es *soltar*. Relámpagos preciosos en que la vida de nuestro cuerpo se traduce en ojos que miran con un alivio infinito y en un rostro cuyo resplandor brilla sin motivos aparentes. Llegar a esta magia a veces implica andar por caminos sinuosos, que no se pueden explicar solo con palabras. Quienes lo vivieron pueden contarlo, de seguro mientras lo hacen emanarán una energía preciosa.

El poder de la aceptación

El poder de la aceptación radica en la capacidad para convertir una situación negativa en una oportunidad o, incluso, en algo positivo. Actúa cuando llega la *autoconfianza*. La ecuación que necesitamos para utilizar el poder de la aceptación es: ser flexible, enfocarse, darles sentido a las voces del cuerpo para buscar sanar.

Siendo flexibles ante la situación, evitaremos obcecarnos y regodearnos en el dolor que nos causa. *Enfocarse* implica buscar otros puntos de vista al problema, lo cual nos permite ver las cosas de forma distinta, con más serenidad.

Lograr *aceptar los dolores* determinará nuestra capacidad de experimentar sentimientos placenteros. Tengamos en cuenta que nuestro dolor está asilado en el cuerpo y que soltarlo alivia. Solo observar nuestro interior, el tono muscular, las sensaciones, nuestra respiración. Esa fuerza que habita de la piel hacia dentro. Registrándonos tanto en la quietud como en el movimiento y captando el mundo de mensajes que provienen de allí.

Es importante observar el tipo de corriente que circula por el cuerpo al desplazarnos o aquietarnos. Cuando el movimiento se mecaniza está determinado por una fuerza que no es corpórea, es mental y quizá, en ese momento, perdemos nuestra presencia, porque deambulamos por la mente de un lado a otro.

Podemos sentir placer en las circunstancias habituales de la vida. La rítmica y la soltura se quiebran si existe una fuerza externa que nos obliga a hacer y nos exige un desgaste mayor a lo posible. En el simple placer, la voluntad cede y el ego (gobernado por la mente) renuncia a su hegemonía sobre el cuerpo. El goce primero comienza con un modesto latir, luego se convierte en pequeños y constantes instantes a los que no podemos renunciar, y se prolonga si trasciende la idea de inmediatez. El *secreto del placer* está oculto en el fenómeno de la vibración, es un potencial y una fuerza mágica que nos mueve hacia la espontaneidad.

Estar dispuesto a atravesar estos instantes maravillosos requiere de audacia y valor. Para intentar lograrlo solo tenemos que comprender nuestro papel de *creadores del propio dolor*. No son los demás los causantes. Nosotros, con nuestra corriente casi constante de pensamientos, cometemos el error de identificarnos con la mente, a veces tortuosa, de pensar eso que somos y, aunque padecemos la influencia del afuera, *la construcción es propia*.

Ese ser profundo que nació con nosotros, y luego fue matizado con influencias externas, puede sernos accesible, pero no debemos buscarlo únicamente en los pensamientos. La mente atada al tiempo que se aferra solo a experiencias pasadas o proyectando un guion que anticipa lo que sucederá, queda atrapada en compulsivas charlas internas y nos aleja del aquí y ahora.

Descansar en las profundidades oceánicas del presente o percibir corporalmente la presencia, es el inicio para ir en busca de ese ser esencial que llevamos dentro. No es algo que está más allá, sino que puede ser accesible a nosotros. Conseguiremos encontrarlo si aprendemos a *acallar el pensamiento maquinal*. Esas corrientes que se precipitan sin darnos tiempo a nada, que nos aceleran, que nos envuelven, muchas veces en una nebulosa y que nos tergiversan la realidad, nos hacen vivir de ilusiones.

Diferenciar lo que es realidad de lo que es ilusión es un camino vital para poder reconocer el presente, que no es solo una noción de tiempo, sino que es mucho más que eso.

Ya hemos desarrollado la idea de enraizamiento como un modo de corporizar el proceso de contacto con nuestra realidad. Existe el desarraigado de sí mismo, el que vive como un *ser flotante*, sin sentimientos de pertenencia. Si tuviera que expresarlo con una metáfora diría que esta persona se mueve como una especie de alambre colgante, suelto, ligero y leve. Cuando camina parece que flota, como si fuera una burbuja que sube y sube.

Nos solemos desarraigar en nuestra infancia cuando surgen los primeros miedos. Sin embargo, hay quienes hicieron de ese miedo un maestro creador de defensas que se fueron fortaleciendo con más ímpetu con el paso del tiempo hasta convertir al cuerpo en duras corazas.

El antídoto del miedo es la confianza por eso es el primer paso que me propongo generar en una relación terapéutica. Cuando el cuerpo palpita como si quisiese decir algo y se lo escucha, todo se afloja y aflora la calma. Desde ese momento son otras las jerarquías, se instala algo mágico, diferente, que mejora nuestra conexión con el mundo.

Silenciosa, la vida fue tejiendo lienzos. Sentimos el susurro de las diversas espesuras, telas de colores conocidos, texturas ásperas, suaves, de formas concretas o extrañas. Podemos volver a palpar algunas. Se han transformado, tienen otro color. Al sentirlas sobre el cuerpo las percibimos abrumadoramente hermosas. Otras, enmendadas por tanto tironeo, se han rajado y hasta cuarteado. Todas nos resultan familiares, todas son parte de nosotros. Las olemos, vahos mustios o florecientes emanan cuando las soltamos. Las dejamos volar. Luego las miramos de lejos. Seguimos con la vista su vuelo. Entonces nos encogemos de hombros y giramos un poco para poder mirar sin ellas. Nos quedamos fascinadas y fascinados por aquella imagen nueva, y nos damos cuenta de que ya no las necesitamos. Solo se trata de un instante para decidir despojarnos y permitir aflorar lo auténtico: *el placer de la propia existencia.*

Descubrir que *la felicidad puede vivirse* es una sensación que día a día intento transmitir. El corazón late con más vitalidad y menos miedo. Por unos instantes advertimos que los pies ya nos sostienen. La estabilidad tranquiliza. Lo que se ha resquebrajado ya no duele. Una pisada, y el mundo ya es otro. Se produce un reencuentro con la plenitud, con los espacios libres. La felicidad es aquello que se siente mientras tomamos conciencia de nuestro crecimiento.

Lo esencial puede ser visible a los ojos y posiblemente encontrarlo en toda su inmensidad nos lleve más que la propia existencia.

BIBLIOGRAFÍA

Ainsworth, M. D., y S. M. Bell, "Apego, exploración y separación, ilustrados a través de la conducta de niños de un año en una situación extraña". En J. Delval (Comp.), *Lecturas de psicología del niño*, vol. 1., Alianza, Madrid, 1978.

Barthes, Roland, *El susurro de la palabra*. Paidós, España, 2013.

Beck, Aaron T., *Terapia cognitiva de los trastornos de personalidad*. Paidós, Buenos Aires, 1995.

Benedetti, Mario, *Inventario*. Editorial Visión de poesía, España, 2013.

Boadella, David, *Corrientes de vida. Una introducción a la Biosíntesis*. Paidós, Buenos Aires, 1993.

Brazelton, T., Berry & Bertrand G. Cramer, *La relación más temprana: padres, bebés y el drama del apego Inicial*. Paidós, Barcelona, 2001.

Brener, Alejandra, *Bioenergética. La experiencia emocional como fenómeno corporal*. Editorial I-Rojo, Buenos Aires, 2015.

Brener, Alejandra y Patricia Arias, *Pensar y sentir la Educación Física. Profesoras y profesores como arte-sanos de lo corporal*. Paidós, Buenos Aires, 2017.

Eeeve, John Marshall, *Motivación y emoción*. Mcgraw-Hill / Interamericana de España. 1994.

Elsworth Todd, Mabel, *Cuerpo pensante*. Dance Horizons, New York, 1937.

Fals Borda, Orlando, *Una sociología sentipensante para América Latina*. Colección Clacso Coediciones, CLACSO, Siglo del hombre, 2009.

Galeano, Eduardo, *El libro de los abrazos*. Siglo XXI, Buenos Aires, 1989.

García Wehbi, Emilio y Nora Lezano, *Communitas*. Planeta, Argentina, 2015.

Goleman, Daniel, *La inteligencia emocional*. Javier Vergara Editores, Buenos Aires, 1995.

Gonçalvez, Boggio Luis, *Arqueología del cuerpo. Ensayo para una clínica de la multiplicidad*. Ediciones TEAB, Montevideo, 1999.

Keleman, Stanley, *Anatomía emocional: La estructura de la experiencia somática*. Desclee de Brouwer, España, 2014.

Koestler, Arthur, *El acto de la creación*. The Macmillan Compañy, Nueva York, 1964.

Le Breton, David, "El Cuerpo y la Educación". Revista Complutense de Educación, 2000, vol. 2.

Lispector, Clarice, *La pasión según G.H.* Siruela, España, 2016.

Lowen, A., *Bioenergética*. Diana, México, 1980.

———, *Ejercicios de bioenergética*. Sirio, Málaga, 1988.

———, *El lenguaje del cuerpo*. Herder, España, 1995.

———, *La espiritualidad del cuerpo: Un camino para alcanzar la armonía*. Paidós, Barcelona.

———, *Miedo a la vida*. Era Naciente, Buenos Aires, 1995.

Martínez Lozano, Enrique, *La botella en el océano*. Ediciones DDB, Bilbao, 2009.

Maslow, Abraham H., *La personalidad creadora*. Kairós, Barcelona, 1994.

Reich, Wilhelm, *Análisis del Carácter*. Paidós, Buenos Aires, 1957.

Roth, Gabrielle, *Mapas para el éxtasis*. Urano, Buenos Aires, 2012.

Ruiz, Miguel, *Los cuatro acuerdos*. Urano, Barcelona, 1997.

Shinrin, Yoku, *El poder del bosque*. Roca Editorial, España, 2018.

Tolle, Eckhart, *Practicando el Poder del Ahora*. Gaia, España, 2009.

ÍNDICE

ÍNDICE